西藏视野

次仁央金 著

中国藏学出版社

目　录

序　言

拉巴平措

央金同志正如她自己所说的一样，我们是老同志老朋友了。一是在西藏自治区宣传部是同事，我担任宣传部副部长，她在宣传处工作；二是调到宣传部工作的时间，几乎是前后脚，我是1979年下半年任命，80年到职，她是79年借调到宣传部，80年正式办理调任手续；三是来自同一个战线，她来自西藏民院扎木教育基地，我来自当时的西藏师范学院；四是就宣传工作而言都是新兵，过去与宣传工作有些接触，但真正作为职业，我们都是半路出家；五是西藏民院的校友，虽然她是“文革”后的，而我则是五六十年代的。最后一点，她十分推崇的姐姐，在“文革”前还是我在民院教书时的学生，而且还是班里的学习委员。由于以上种种原因，央金同志要求我为她的小册子写个序言，我欣然答应了。

作为序言，我主要想说如下几点想法：

一、央金同志出生在上世纪50年代，属于五零后。在西藏，这一代人有许多明显的特点：一是这个时期西藏已经和平解放，但社会制度还没有改变；虽说如此，对于他们来说几乎没有什么印象；二是他们是西藏民主改革的受益者，但对于民主改革的经历，只能说是父母讲的故事而已；三是他们也是改革开放的受益者，但他们没有改革开放之前的更多经历，有的是“十年浩劫”的难忘记忆。所以，这一代人的成长经历，这一代人的价值取向，具有了特殊的时代特征。如果想了解这个时代，央金同志的简短传记，会给你提供许多有益的信息和线索。

二、央金同志作为一个女同志，非常温柔，又显得有点消瘦和过于精干。其实不然，真正跟她打交道才会感觉到，在她的骨子里充满了一种韧劲儿，在她的血液里流淌着一种热气，在她的行动中蕴含着某种品格，那就是在她成长的那个年代造就的某种精神、在那个环境中磨炼出来的某种性格、在那个人群中特有的某种气质。如果读者稍加细心体会，从央金同志的经历中、在她的文章中、在出版这本书的举动本身中，可以感受到这一切。

三、央金同志长期在宣传、新闻出版界工作，所以她的文章几乎集中在这个领域。这些文章对于我们了解这个时期，主要是改革开放以来，特别是在新的历史条件下西藏这条战线的现状、发展变化及她在这方面的心得和思考，具有一定的代表性。其中《西藏自治区移动通信公司企业文化建设的现状及发展思路——2003 年硕士研究生毕业论文》《在中直部门挂职锻炼期间结合本职工作谈感受》《新闻采编人员应有的知识与素质培养》，说的是一个新闻出版和文化人成长的经历以及对人才队伍建设的思考；《西藏经济社会发展与新闻出版现状》《历史的足迹——见证西藏新闻出版事业发展壮大》《走出一条中国特色、西藏特点的新闻出版发展新路》等说的是这一事业发展的历程及其对西藏经济社会发展关系的认识；《赴香港、泰国考察新闻出版行业》《美国新闻出版管理考察》《打开通往世界的窗口——参加第61届法兰克福国际图书博览会有感》等说的是新闻出版业如何学习吸收现代新闻出版业的成功经验和方法，如何从“世界屋脊”走向世界的思考和体会；《大力推进西藏新闻出版事业跨越式发展》《西藏新闻报刊业现状及发展思考》《西藏新闻出版事业繁荣和产业发展战略研究》说的是对于西藏新闻出版业如何发展、如何实现跨越式发展、如何实现大繁荣大发展的战略思考。在全国上下认真学习、全面贯彻落实党的十七届六中全会精神的时候，这些文章对于西藏新闻出版事业也是一个回顾和展望。

四、这本小册子虽说集中反映新闻出版及文化领域的事情，其实它从另一个角度、另一个侧面则反映着西藏社会发展进步的脚印，未来发展的探索，所以取名《西藏视野》。《玉珍阿妈的往事》记录的是旧西藏黑暗及新西藏诞生的真实故事，《拉萨城市建设的历史与现实》记录的是拉萨城市的形成及其发展过程，特别是改革开放后的巨变。如果把其他文章放在每个时间段的大背景下，有机地联系起来，也可以成为一幅画卷，展现时代发展的缩影和前景。

总之，我希望这本《西藏视野》，成为读者了解西藏的一个小小窗口，在忙碌之余成为一杯香浓的酥油茶！

2011年12月30日

拉萨城市建设的历史与现实

拉萨古称“惹萨”，藏语“山羊”称“惹”,“土”称“萨”。公元633年，吐蕃赞普松赞干布迁都拉萨后，逐步建寺庙、筑河渠、修道路，奠定了拉萨早期的城市雏形。公元647年，驰名中外的大昭寺建成，因大昭寺建于沼泽湖塘之上，民间有白羊负土填湖之传说，因而便把“惹萨”这个名字赐给了大昭寺。随着时间的推移、佛教的传播，公元823年后“圣地”拉萨之名开始传开，取代了原名“惹萨”。

自1300多年前拉萨成为吐蕃首府之后，一直是西藏的政治、经济、文化中心，佛教圣地。从历史角度观察拉萨过去的一切，可以说无一不是与佛教的兴起和发展有关。

在漫长的历史发展过程中，西藏由于长期的封建农奴制和僧俗贵族专权相结合，形成了政教合一的统治制度，它的腐朽、落后严重束缚着生产力的发展，阻碍着社会的前进。十多个世纪以来，拉萨除了寺庙、府邸有一定发展外，并无现代意义上的建设与发展。直到西藏民主改革之前，拉萨的建成区还不足3平方公里，人口不足3万，住宅建筑面积仅22万平方米。

1951年西藏和平解放后，由于经济极不发达，交通困难，物资奇缺，技术力量缺乏等多种因素所致，拉萨还无法进行较大规模的城市建设。从和平解放到民主改革的8年间，在拉萨城内只建设了一些必要的供电、医疗、文教、卫生等公共设施，这是和平解放后拉萨城市建设迈出的第一步。

1959年西藏民主改革后，为迅速改变西藏及拉萨地区的贫困落后面貌，党和政府从全国各地抽调了大批工人、干部、知识分子、工程技术人员进藏工作。特别在1965年拉萨大桥和贡嘎机场建成并通车、通航后，拉萨加快了建设步伐。此后，拉萨的城市建设又经历了四个大的阶段。

第一次建设高潮是为迎接西藏自治区的成立。自1964年开始，拉萨市组成了市政建设指挥部，调集区内外的施工队伍，在一年时间内突击修筑了布达拉宫周围一带的5条路，建成日产500吨的药王山供水站和两条新的商业街，这两条商业街公共服务设施建筑总面积达15万平方米，还首次修筑了2公里的地下排水管沟。布达拉宫前的新城区初具规模。

自治区成立后的十多年间，拉萨先后建起水力发电厂4座，火力发电厂1座，柏油马路5条及一些市政基础设施，还建成了一批现代化的基础工业，新建改造拉萨河堤18公里。于1975年修通了由周恩来总理亲自批准的从青海格尔木到拉萨的石油输油管道（长1080公里），大大缓解了拉萨用油难的问题。

这些建设使拉萨的城市面貌发生了显著变化，到了1978年，拉萨的建成区面积已达18平方公里。

第二次建设高潮是《拉萨城市总体规划》编制和实施前后。1979年自治区建委和拉萨市成立了规划办公室，历时三年完成了拉萨市总体规划的编制，1983 年经国务院批准实施。从此拉萨市的城市建设进入了规范化。几年中打通改造了市区和市郊的主要干道，形成了城市主要交通网，大大改变了城市交通和城市优化建设的基本面貌。1984 年到 1987 年三年间完成了拉萨市 270 平方公里的大比例尺地形图的绘制任务和地下管道的测量工作。为后来拉萨规划、建设、管理工作提供了可靠的基础资料。

第三次建设高潮是 43 项工程。1984 年春，中央召开第二次西藏工作座谈会，为迎接西藏自治区成立 20 周年，决定由北京、上海、天津、江苏、浙江、四川、福建、山东、广东九省市援助西藏建设 43 项工程，其中拉萨市区就有 18 项，这些工程绝大多数是公共服务设施，相继在 1985 年年底竣工交付使用。不到两年的时间，一批具有浓郁民族风格和地方特色的现代化建筑群出现在“世界屋脊”上，使拉萨变得更加多姿多彩。这批建设也使拉萨新城区和老城区形成了鲜明的格调。43 项工程以后，拉萨的北区和西区两个新区迅速崛起，城市规模也由此扩大。

第四次建设高潮是 1987 年至 1991 年间的四年间。这几年主要按照市领导提出的“抢救、维修、保护、新建”八字原则进行了系列建设。首先大规模地维修、改造城区，统一规划安排了两个统建小区和 13 个自建小区。几年中还改造、拓宽、新建城区道路 11 条，完善了相应的配套设施。

拉萨由于受自然、地理、交通等特殊环境条件的限制，城市建材与建筑特色有较明显的阶段性和实用性。20 世纪 70 年代以前，主要采用地方建材，因陋就简，房屋建筑均是土木结构的平房，耗资少，见效快。这个时期的建筑目前正处于淘汰和改造之中。八九十年代，特别是 80 年代中期以后，随着改革开放的不断深入，内地建材大量涌入拉萨建筑行业，使建筑业出现了一个转折，上了一个新台阶。除老城区的维修建设为了保护古城风貌仍采用木石结构外，其他建筑大量采用混合结构。这个时期的建筑在设计上，巧妙地把现代建筑艺术同当地地方特色相结合，使其既有浓郁的民族风格，又有现代气息，为西藏建筑的现代化，走出了一条新路子。

1994 年，为确保自治区 30 周年大庆重点工程项目的建设，又狠抓了布达拉宫广场的建设项目和拉萨市环形路一期工程的建设，在资金不到位的情况下，按期进行了施工。两项改建工程计划投资 1.6 亿元，预计可完成 3000 万元，完成总投资的 17%。在城市建设上做到了精心安排、严格施工。投资 209 万元，完成了民族北路南段 200 米和 2 户居民的搬迁工作；完成团结新村主排水 900 米，疏通排水 3000 米，新铺装人民路人行道 7000 平方米；贷款 900 万元改造修建了青年路商业街；自筹 80 万元投资西郊水厂前期开发勘察工作。城市建设除布达拉宫广场和环形路一期工程建设项目投资外，其他建设共计投资 1189 万元，其中贷款 900 万元，自筹 80 万元，财政投资 209 万元。党和国家非常关心西藏人民和西藏的发展，给予巨额投资进行基础设施建设。为庆祝自治区成立 30 周年，又动员全国支援西藏，安排了 62 个建设项目。这对于改变西藏基础设施的落后，加快各项事业的全面发展，提高人民生活水平将发挥巨大的作用。我们必须把这笔钱用好，把项目建设好，以优异的工作成绩回报党和人民的厚爱。

拉萨将以崭新的城市面貌迎接西藏自治区成立 30 周年的盛大庆典。

（原载《中国西藏》，1995 年第 5 期）

西藏自治区移动通信公司企业文化建设的现状及发展思路

——2003年硕士研究生毕业论文

前　言

近年来，恐怕没有哪个行业能像电信行业那样引起社会的广泛关注和激烈争论。资费、技术、竞争、信息安全等频繁闪现的字眼，牵动着从产业高层到普通百姓的心。特别是随着电信入世后，外国服务商将被允许在中国建设合资公司，而不受数量方面的限制，并在一些城市服务。面对来自国际市场的竞争，中国电信业将何去何从，一时成为热门话题之一。在中国的服务业体系中，电信业（本文中的电信业指西藏移动通信业）作为规模最大、最重要的移动通信机构，相对来说，碰到的问题也是最多的。移动通信业在我国企业改革开放的序列中是比较滞后的一个环节，因而对开放后的国际移动通信业竞争环境应有一个逐步适应的过程。笔者认为，如果移动通信业在加入"WTO"方面需要为启动"准备工程"安排一个实施的时间表，那么，企业文化建设似乎应该排在最前面，因为它是一个"慢活"、"细活"，是一件不太容易真正得其要领的事，更是一项无法"立竿见影"的工作。

所谓企业文化，是指企业在经营管理过程中，根据企业的任务、性质和所处环境所提出的一系列的以共同价值观为核心的观念和信念，是对企业在外部环境寻求生存的竞争问题和内部结合问题的反映。企业文化作为一种文化，从直接意义上说，包括企业的共同价值观、企业精神、企业风俗习惯、企业道德规范等企业的纯精神纯观念因素。从间接意义上说，企业制度、企业规章、企业形象、企业服务、企业外貌和标志等一切有形化是企业的管理哲理、价值观、共同目标及管理实践，它具有精神性、集合性、微观性、社会性、可塑性等特点，对现代企业管理有着非常重要的作用。首先，它有着导向作用。它是企业的核心和灵魂，使企业明确前进的方向和根本宗旨。其次，它有着凝聚力，是黏合剂，它能使企业职工形成共同的信念、共同的意志和强有力的团队精神。第三，它有着激励作用。良好的企业文化，提出崇高目标，确定共同价值观，真诚地尊重人、关心人，表达职工的共同理想，取得企业较好的经济效益，能够鼓舞士气，催人奋进，起着长久的稳定的激励作用。第四，它具有约束作用。企业文化是一种无声的号召，无形的管制，有助于实现个人目标与企业目标的高度一致。第五，它有着教育作用。企业有良好的文化氛围，能够熏陶人、教育人，使先进更先进，后进变先进，使企业永葆兴旺。第六，它有着辐射作用。企业文化对外部有着很强的宣传和感染作用。通过企业文化可以使人们了解企业宗旨，树立企业形象，增强企业信誉，从而可以不断赢得顾客，开拓市场，提高企业经济效益。

移动通信企业文化的内涵是十分丰富的，它既是移动通信企业本身的需要，也是移动通信业职工的需要，更是社会和顾客的共同需要。正确理解企业文化的内涵和实质意义，正确对待移动通信企业文化的建设和传播，可以达到各个方面的多赢效果。笔者通过西藏移动通信业案例的剖析，拟对西藏移动通信公司企业文化的建设进行尝试性的探讨。

第一章　建立“学习型组织”，加速培训成果的转化

重视教育、重视创新，这是知识经济的首要特征。兴业之计，立学为先，就是要把学习和教育放在首位。重视学习，如同一所学校，是一个学习的组织，鼓励创新的组织，获得竞争优势的组织，成为“知识的创造源，人才的培养库，文化的传播者，经济的增长点”。成功的企业，重要的是“如何在企业行为、组织结构、管理方式、文化营销，甚至文化理念层次上”进行调整，为企业的长远发展打下坚实的基础，加速培训成果的转化。

一、培训从“头”开始，管理者首先需要进行观念的更新和经营思维的突破

观念决定思路，思路决定出路。西藏自治区移动通信公司在成立（2000 年 6 月 9 日正式成立）伊始，公司经营思路该从何入手？决策者们首先进行的是观念的更新和经营思维的突破。近年来，知识经济的兴起日益引起人们的关注，知识经济的发展已成为当今世界一股不可遏制的历史潮流。由于现代移动通信业是一个知识性行业，知识经济的兴起和发展将极大地

改变移动通信业的经营理念。竞争无处不在，移动通信公司所处的外部环境别无选择，只有在取得竞争优势中生存和发展。因此，从一开始要想站在同业竞争的制高点，树立战略竞争的行业观和市场观念，充分认识在市场竞争中的有利因素和不利因素，从而扬长避短，正确地选择战略优势的基本策略，不仅要向同行业学，更要向先进的新型企业学，用归零心态去吸收赢家的经验，并结合自身特点探索两者结合的最佳途径。

公司建立了西藏移动通信培训战略，把西藏移动通信队伍和核心能力、企业文化与价值观以及学习型组织建设作为战略项目来抓。培训工作要坚持以市场需求为导向，以建立高素质的经营管理人才队伍、专家技术人才队伍、营销人才队伍为目标，以公司发展、改革、经营、服务为中心，以研究、解决影响公司发展的重大问题为出发点，以培训高中级经营、管理、技术骨干为重点，采取多种形式，增强针对性和实效性。

西藏移动通信公司对“学习型组织”的定位是：

1. 公司对职工提供的最好“福利”就是对员工进行的教育培训，教育培训是提高员工的适应能力，这是生存的必要条件。反过来说，员工的能力增强了，业务也会得到发展。

2. 员工是企业肌体组织的“细胞”，员工素质是维持“细胞”新陈代谢的血液，所以不断地注入新鲜血液是确保企业肌体健康成长和发展的必备条件。

3. 在激烈的市场竞争中，谋求自身生存与发展，需要有一支思想过硬、作风过硬、业务过硬、全面发展的高素质员工队伍，优胜劣汰是市场竞争的必然规律。

4. 西藏移动通信公司的启动与运转，要借助于灵活多变的机制和全方位多功能的优质服务，要适应千变万化的市场经济，必须不断更新观念、提高高新技术含量、丰富知识、提高业务技能。

5. 培训也是一种文化，它涉及广泛的知识领域，也蕴涵着很多哲理。在每个人的周围都可感受到培训文化的芬芳，他们自觉不自觉地都在接受着这一文化的熏陶。

6. 培训文化体系是移动通信公司企业文化体系中的一个组成部分，培训文化体系能验证公司整体管理水平和综合素质的高低。

二、要闯市场，先进课堂

按照“高起点、高标准”的原则，西藏移动通信公司成立以来，实行了服务与业务“双领先”市场的战略，以优质的网络服务，力求达到客户最大满意度。截至目前，西藏移动通信公司数字移动电话网已拥有近20万客户，并且实现了网络覆盖地、市以上和部分县、镇及主要交通干线的目标。2002年11月，公司已经与西藏电信公司签订了通信电路使用协议，2003年，公司将在有通信电路的全区各个县、镇开通移动通信服务，以满足客户的日常需求。但在当时本公司分营后，400多名员工存在人员偏多、素质偏低的巨大困难。这种严峻的现实给公司领导班子提出一个课题：能不能在极短的时间内，以超常规的速度，以超人的精力，进行长期有效的培训。对此，他们提出“要闯市场，先进课堂”的口号。公司领导层提供政策、方向和支持，培训部提供资源、方法和制度，各级管理者推动，讲师有效组织培训，员工积极参与，这样才能真正有效地推动培训工作，提高培训的有效性。为此，公司成立了培训机构，机构分为培训管理委员会、培训部、培训协调委员会三个部门。

三、对于不同类型、不同阶层的员工有针对性地进行培训

西藏移动通信公司的内部培训，目前已形成了与中国移动通信经营特色相适应的完备体系，堪称全方位、多层次。日常培训又根据移动通信公司的经营特色和管理水平，分为通用管理类培训、业务操作类培训和专题性培训。开设的课程，有适应全部员工即普及型的移动通信基础知识、计算机应用、公文写作等方面的基础性知识培训；同时还与内地大专院校、相关厂家联系，组织公司员工到内地进行技能培训，加强了服务、营销、通信技术、人力资源、财务管理等专业人员的培训工作。此外，还聘请高校教授和区外移动通信公司的专家、营销专业人员来我区进行服务礼仪、市场营销理论和业务知识的强化培训。

1. 区外培训

（1）区外培训主要指员工参加区外有关单位，包括集团公司、供货厂商、院校、相关单位举办的各类培训。

（2）区外培训的审批：所有区外培训的通知或邀请函首先送本单位。

由人力资源部决定是否参加培训。对确定参加培训的，由人力资源部与相关的部门共同协商人选，并报公司领导审批同意后，方可组织并参加，培训人员名单及相关资料报区公司人力资源部装入个人专项培训档案。

2. 自办培训

（1）自办培训：指区移动公司和各单位自己组织的培训。

（2）自办培训的审批：各部门、各单位自办培训，若需由公司提供资金、师资、食宿支持的一律由人力资源部组织。各单位、各部门需填报“西藏移动通信短训办班申请审批表”送人力资源部门。自行举办的培训，培训结束后填写“西藏移动

通信公司培训情况表”送人力资源部备案。

3. 培训成果

2002年，西藏移动通信公司共举办培训13期，有316人次参加了区内培训，121人次参加了区外培训。造就了一支工作作风硬、业务能力强、技术水平高、服务质量佳的干部、员工队伍。员工是企业之本，企业制定的制度要靠员工去落实，确定的目标要靠员工去实现。西藏移动通信公司作为服务与信用的特殊企业，员工工作的好坏直接影响到整体工作的进展和效率。要想完成好工作，仅凭思想教育或严格的制度还不够。公司在实际工作过程中特别强调各级管理者要指导员工驶入角色快车道。

四、教育和训练相辅相成

坚持“两手抓，两手都要硬”的方针，狠抓员工政治理论学习工作。认真组织学习江泽民同志“七一”、“5·13”讲话，中央第四次西藏工作座谈会、自治区第六次党代会精神以及党的各项方针政策，组织观看电影教育专题片，邀请自治区党校、自治区讲师团讲课，对员工进行“四观”、“两论”教育。通过以上活动，进一步加深了员工对党的基本理论、基本路线、基本纲领的理解，进一步坚定了员工维护祖国统一，坚决反对民族分裂的信心和决心。对于培训而言，教育和训练是两个含义不同的名词。“教育”对员工心理层面的建设多于实务层面，亦即“提供优质服务的价值与态度的社会性培训”；“训练”则是对员工实务层面的内容多于心理层面，亦即“执行工作职务的技术培训”。

第二章　培养紧密结合、相互支援的大家庭式的企业文化

丰富的感情投入和较好的后勤服务，使员工的归属感和光荣感逐渐孕育成一种独具特色的企业精神，这是西藏移动通信公司顺利发展的感情基础。

充分发扬民主，创造条件，促进员工参与管理，自我管理，并更多地体现人情味、文化味，这是西藏移动通信公司顺利发展的管理基础。

一、视员工为“内部客户”，营造温馨之家的氛围

西藏移动通信公司有套独特的“客户满意论”，即将衡量对外服务的“客户满意程度”推而广之，员工之间均视为客户，包括领导与员工之间也互为客户。他们对员工的考核，除每日的工作数量、质量之外，更多地体现在自己对自己的满意程度、周围同事对自己的满意程度和客户对自己的满意程度上。这种动态的、简化的管理方法，较多地融入了道德观念、价值观念、人的信念等因素对规范员工行为的作用，从而使复杂的管理问题通过人的自我管理来解决，收到了事半功倍的效果。

在顾客眼中，一线员工是服务的化身。因此，服务领先的西藏移动通信公司也总是力图提高员工的满意度。员工满意相比满足顾客的需要而言，应该是一件优先的事情。

西藏移动通信公司把员工的积极性视为经营活力的源泉。他们认为，企业向心力、凝聚力的形成是一个微妙而细腻的心理过程，必须对员工倾之以情、注之以爱。员工在公司内得到

温暖与尊重，才会把温暖与尊重送给客户；员工只有热爱自己的企业，才会把自己的行为统一于企业行为的共同方向上。公司将以追求客户满意服务作为公司经营宗旨，以公司更好更优质的服务架设出一条现代信息高速公路，方便你我他之间的信息沟通。与此同时，公司还将为满足客户进一步提供个性化、差异化的延伸服务，从而更贴切地满足客户的需求。

1. 公司党组书记、总经理向巴曲登总是把自己定位在“与员工共创事业的伙伴”和“领头羊”的位置上

他总是把自己看成与员工共创事业的伙伴。他形象地对员工说：“我不是牧羊犬，也不是牧羊人，而是一只领头羊。”他给自己规定了三种角色：兄长、教练员、家庭管理员。

兄长——帮助公司员工如何做人；

教练员——指导员工如何工作，培养员工熟练地掌握工作技能；

家庭管理员——为员工服务，为员工提供宽松、快乐、积极向上的工作环境，让每个员工都有发挥才能的场所和岗位。

2. 理性化的感情交流，是凝聚员工的重要纽带

在公司，集体是员工的母体，员工是集体的灵魂，西藏移动通信公司认为关心员工的企业是能够合理利用人力资源的群体，也是充满生机和富有希望的群体，热爱企业的员工是公司的最大生产力。为员工办事，他们都小事大做，做则必细。

“员工庆贺”，体现员工才是西藏移动通信公司真正的主人公。2002年，林芝、日喀则、山南、昌都、那曲、阿里6个地区移动营业厅先后荣获地区级“青年文明号”称号，拉萨营销中心西郊营业厅也荣获了“青年文明号”称号。有两位员工荣获集团公司“劳动模范”称号，有一位员工荣获西藏自治区“劳动模范”称号。还评选出移动通信公司成立以来在工作中

表现特别突出、事迹有代表性的公司“劳动模范”9名。公司组织筹划拍摄、塑造移动通信企业形象的《彩色的梦》MTV，还组织编辑印制了西藏移动发展大型纪念画册，并与区党委宣传部、西藏电视台联合举办了“公民道德知识竞赛”、“移动杯”活动，起到了进一步宣传、提升企业文化建设的作用。参加庆贺的人员中包括几位公司领导、身着整齐服装的公司职工等，公司的几代领导都站在庆贺人员的背后为员工做陪衬。

公司领导注重营造大家庭的氛围，每逢员工生日，员工都会收到由总经理签名的贺卡、鲜花和生日蛋糕，表达了公司领导对员工的问候与祝福；开展节日游园、拔河比赛等喜闻乐见的文体活动；开展“送温暖”活动，看望慰问孤儿院、养老院以及全区困难职工、离退休职工，让员工倍感党和集体的温暖；开展“我为企业献一计合理化建议”活动。这些活动让员工充分感受到他们工作和生活在一个温暖的大家庭中，激发了他们的爱岗敬业精神和主人翁的责任感。

二、依靠民主管理，共同承担团队责任

西藏移动通信公司的管理方法，可以归纳为“硬功软做”。所谓“软做”，一是建立相互信赖、相互尊重的人际关系与和谐氛围；二是强调团队精神、协作精神和集体主义观念；三是尊重员工意见，让员工参与管理和自我管理。这是一种“以人为本”，符合现代人的心理需求和精神生活的管理方式。

公司领导全心全意依靠员工办公司，最主要的是在改革和竞争中切实保持员工的主人翁地位，维护员工的合法权益。员工享受民主，当家做主，这主要反映在三个方面：

凡是全公司的重大决策和重大事情都让员工知情、明理和参与；凡是事关全公司改革的热点和员工关心的重点、敏感点

都与员工共同商量、共同决策，保证员工的合法权益。这三个方面同时体现了一个民主过程：

1. 建立起民主管理的组织体系

“辅导员—班干部—课代表—同学们”的管理模式。

各级工会在公司的大力支持下，主动吸纳员工参与决策企业重大经营事项以及讨论涉及员工切身利益的事务，邀请纪检监察部门参与公司经营发展建设项目招标的全过程。2002 年 5 月，召开公司成立以来的第一届员工代表会，就员工关心的职位、薪酬、考核、房改等实施细则进行了充分的民主讨论。促进了企业依法经营和维护了员工的合法权益，建立健全了企业民主参与和决策制度，使员工的主人公地位得到了进一步体现，企业民主管理意识得到进一步加强。

2. 西藏移动通信公司日常工作运行中的两条管理主线：

（1）凡属公司方针政策性的大事和全局性的工作，凡属公司重要方案的出台及重大决定，必须提交员工代表大会通过。

（2）各级领导班子未经领导班子集体研究，不准个人擅自决定本企业财务预算方案；不准个人擅自决定固定资产投资项目和对外投资项目；不准擅自决定涉及重大全局性网络规划、资源配置、市场经营、机构改革、重要规章制度和章程的修改方案等工作。公司领导经常以辅导员、教练员的身份出现，工会委员则像班干部，而各个部门负责人则更像一个个课代表。在整个集体中大家协调有序、各负其责。

公司在“十五”末的主要目标：一是人力资源总量目标，根据劳动生产率和人均服务效率的要求，员工总数控制在 300 人左右；二是人力资源素质目标，全区移动通信研究生学历达到 10% 以上，大学本科生达到 50% 以上，大学专科生达到 30% 以上，中专以下不高于 10%；三是业务技能素质目标，

100% 的员工具备相应岗位的业务能力要求，力争 30% 以上员工掌握两项或更多的复合技能；四是高职要达到 10% 以上，中职要达到 25% 以上，初级不低于 55%。

3. 公司领导诚恳主动地与员工沟通

许多单位的管理者从主观上来讲，非常重视民意、民情、民主，很多单位还设立了意见箱、领导接待日，每年还要召开员工代表大会等，但效果往往不尽如人意，关键是沟通渠道出了问题。

人的能量如同光能，分散的光芒只能像普通灯泡那样用于一般照明。但是同样的一股能量如果像激光束那样对准同一个方向，就可以穿越任何障碍。当企业组织中的所有人员都在考虑自己的未来的时候，便可形成这种聚光效应。企业组织可以在某种程度上设法聚集员工的创造力。

如何聚集？实践证明，尊重与激发是行之有效的方法。前者是把员工当做伙伴来对待，彼此信任，荣辱与共；后者是帮助员工摒除守旧的本性，告诉员工不要执守昨天的思维方式。

公司领导致力于引导员工朝这一重要的目标共同努力，于是，除了每周工会例会必须列席外，还给自己制订了一条不折不扣的刚性规矩：与不同类型、不同岗位的各类员工有针对性地进行主动沟通，听他们反映问题，根据谈话情况建立反馈追踪表，该落实的落实，该调查的调查，并及时反馈结果。这种沟通方式可以将蕴涵在细微之处、看似简单，但有时能将领导所未想到的主意挖掘出来并产生意想不到的效果，同时，也可以及时掌握员工的思想动态，该解决的帮助解决，该疏导的予以疏导。

第三章　约束激励机制的建立是集体和员工共同持续发展的平台

西藏移动通信公司提出要把移动公司建成一支军队，就是要有“铁的纪律”、“铁的管理”、“铁的质量”、“铁的信誉”，有过硬的作风，形成“铁打的意志”。公司就是由一批“拼命三郎式”的青年组成的一支队伍。员工们说：“他们的办公区就是军营，市场就是战场，商机就是战机，公司纪律就是军纪，把公司建成一支军队。”总经理相信：移动公司如军队，组织有序，纪律严明，员工训练有素，整个组织高效运转，这支队伍一定能够打胜仗。

如果把“一支军队”更多地看成是对集体中每一员的行为举止进行约束的话，那么“一座舞台”则是给集体中的每一员提供成长与施展才华的激励空间。

一、建立西藏移动通信公司的“公共秩序”

美国著名政治学家亨廷顿在其《变化社会中的政治秩序》一书中认为，社会冲突的起因往往不在于人们的贫穷，而在于人们想致富；不在于社会缺乏现代化，而在于社会为现代化所做的努力。因此，对于一个追求现代化的社会来说，首要的问题就是建立合法的公共秩序。

公司从创业之初，就在不断地探索管理升级的道路，按照系统论的原理，建立健全了一整套对内管理、对外服务的规章制度。诸如《西藏移动通信机构设置方案》《职位》《薪酬》《考核》《培训》以及《西藏移动通信公司业务管理办法》等。

公司的制度管理处处体现出对员工的刚性约束。例如，在质量管理中，公司制定了《质量奖惩条例》，质量部门按日将质量指标分解，层层下达，严格考核。公司把各级领导干部作为执行制度的第一负责人，谁在执行制度时讲情面、徇私情、处理上打折扣，谁就会受到处罚。

公司执行管理制度十分严格：公司员工每天必须提前10分钟到岗进行晨训；员工不能从事第二职业；上班前不能喝酒，哪怕工作陪客也不行；工作期间不准吸烟，等等。公司严格的管理制度不仅仅表现在质量和劳动纪律上，还渗透于公司经营的全过程。凡不按工作要求和操作规程导致失误者，都将受到严厉处罚。公司的兴盛就是“严”出来、“苦”出来的，以至于有人说公司奉行的是“军事化管理”。因此，员工必须读懂公司苦心设计、严格执行的制度文化。

——用制度管人。公司总经理认为，一个好的制度，坏人无从下手；如果制度不好，好人也可能变成坏人。因此，要用制度管人，用规矩管人，一言一行都要有规矩，做到“职、权、责、效”明确。为此，公司近两年来大抓管理，宗旨是理清思路，制订规划，形成管理模式。

理清思路：就是要明确管什么，谁来管，达到什么目标，怎么考核。

制订规划：就是必须做的都要形成制度文件，要制度化、系列化、统一化。

管理模式：就是“机构 + 制度 + 运行”。

——严格执行制度，制度面前人人平等。公司总经理反复强调“严是爱，松是害，松松垮垮招祸害，懒懒散散要垮台”。制度必须严格执行。公司特别强调“不迁就有功之臣”。

——强化公司的团队精神。公司的日常考核由质量管理考核督导中心负责，每周还选出2名员工（1名工会委员、1名普通员工）进行监督和辅助，以提高员工的参与意识。通过严密的组织、严明的纪律，采取职责上分、思想上合的工作方式；工作上分，步调上合；职权上分，力量上合，以强化各部门成员的协调配合。

二、摆设工作擂台——能者授职、功者授禄、勤者授誉

优胜劣汰是市场竞争的必然规律。当今社会，竞争日趋激烈。要想使公司在激烈的竞争中站稳脚跟，必须不断激励员工使其奋发向上，使其充满活力，培育员工的竞争意识，参与激烈的市场竞争。为此，公司在员工中积极开展各项工作竞赛，其竞争主要是通过各项考核体系展开的：

细化挂钩，让每一个员工展开竞赛。该制度在保证员工基本工资收入的基础上，将员工的活工资扣除，对员工进行“细化”考核，并根据员工业务开拓指标完成情况进行奖惩。这一制度不仅使奖惩有了依据，还细化到每个员工可根据自身表现，算出自己的甚至别人的分数和收入，使分配具有了高度的透明度。

对于主管而言，仅仅选择正确的在职辅导策略是远远不够的，还要明确在辅导过程中扮演的三种角色：

培训：这种角色要求主管扮演一对一的教师。主管的业绩是通过部属的努力工作取得的，所以主管必须对部属的发展负责。

职业辅导：作为职业教练，主管得帮助部属考虑解决问题的方案和职业发展问题。主管还需让公司了解大部分员工的职业发展观，以便公司制定出相应的培训计划和员工发展计划。

做导师：做导师的目的是促进员工职业生涯取得进一步的成功。主管必须引导不同类型的员工度过企业危机。做导师和

职业辅导有所不同。导师必须源源不断地就企业目标与员工沟通。当员工遇到个人危机时，主管要成为他们的知己。

岗位绩效考核因素矩阵表

项目	内容要点	标准描述					权重	评价构成
		优秀	较好	一般	较差	差		
工作效率	工作效率高；解决问题迅速、准确；处事果断；效益明显	工作效率高；解决问题迅速、准确；处事果断	工作效率高；能及时解决处理问题	工作效率一般；能按时完成任务	办事拖拉；经常需领导催促；效率不高	办事拖拉；往往影响工作完成；效率低	30%	领导100%
工作业绩	结合部门职责、工作质量、数量，工作任务目标完成情况						70%	领导100%

说明：

1. 权重，即该项目在考评内容中所占的比重。

2. 考评由三个重要部分组成、工作能力、工作态度、工作业绩。

3. 单项评价标准分为优秀、较好、一般、较差、差等，对应的分值分别为优秀：81分~100分；较好：61分~80分；一般：41分~60分；较差：21分~40分；差：20分。

4. 单向得分=领导评价×相应比例+同事评价×工作业绩×权重。

5. 各方面得分=∑单向得分×对应权重。

6. 总评得分=工作能力评价×权重+工作态度评价×权重。

7. 总评分确定后，根据整体情况划分等级：A. 优秀，约占10%；B. 良好，约占25%；C. 称职，约占45%；D. 需要改进，约占15%，E. 急需改进，约占50%。

三、调整与纠偏，批评与自我批评，有助于管理升级

公司坚信没有夕阳企业，只有夕阳管理。为了提高其管理水平，主要抓了以下七项工作：

1. 定期举办主管人员革新（革心）特训与公司活力文化培训，从根本上改变干部的保守观念，拔除小农思想，注入更现代化的“第五代管理”精神，从而提升经营管理的总体应用能力。

2. 定期举办全员“成功激励”讲座，以唤起员工的忧患意识和自我超越的决心及动机，同时注入市场经济的竞争和成功观念，使人人乐在工作，乐在沟通，乐在成长。

3. 每月各部门举办六整（即整理、整顿、整洁、整仪、整军、整员）比赛，体现干净清新的工作环境，以激发员工的向心力和培养员工的敬业精神。

4. 积极开展人力资源教育培训（分高层、中层、基层），在准确把握企业业务发展需要的基础上，针对不同层次的培训对象，制定相应的培训计划，在培训时间、内容、课程设置等方面加强针对性。

5. 建立“利润中心”制度，划清责任与费用归属，坚持“有能力给职位，没能力给禄位”的原则，产生全员互动之“切身感”、“压力感”和“成就感”，以提升经营者素质。

四、员工与公司共同成长

西藏移动通信公司的发展有赖于员工的发展，同时，公司也为员工提供了更多的发展机会与空间。

为了实现员工与企业共同成长，公司特别重视员工的职业生涯规划，将公司人员的自我人生规划融入企业发展之中。除

了对员工的培训外，还会根据员工职位的升迁，相应地提高工资待遇、改善工作环境。使员工成为企业的利益共享者……除职位上的晋升外，各类专业人才只要能在所从事的领域内持续不断的努力，作出一定贡献，都能获得专业级别和待遇上的提升。每位员工不仅能发挥其专业特长，而且能充分体验到公司对其知识和能力的尊重。先后对公司内设机构进行了有利于职能管理和生产经营管理的合理调整设置，对全区二级经理以上的干部进行了届满任职考察，对二、三级管理人员重新聘用，举行了区公司二级经理年度工作述职会。2002 年 11 月下旬，对公司全体员工进行了一年一度业务技能的理论、实际考评。不惜重金委托重庆邮电学院和自治区自学考试委员会开办《通信工程》《通信技术》两个学历提升班，以提高 104 名员工（其中本科 42 人、专科 62 人）的理论基础知识水平。

在公司，每一个人都能够找到自己的合适位置，发挥自己的才能，因为公司就像一首交响乐。在乐团里，每个乐手都在分工协作的基础上演奏自己的乐器。公司也是这样。公司有规范的岗位责任制，规定了个人的职责范围和达成目标，每个人必须按时保质保量完成自己的工作，履行自己的职责。各部门之间也是如此。尽管每个人经历、知识结构不同，思维方式也不尽相同，但为了一个共同的目标，必须主动配合，弹奏好自己的每一个音符。激励个人才能发挥的同时，公司也提倡团队精神。只有大家齐头并进、齐心协力，才能发挥更大的作用，扩充更大的容量。

第四章　在经营服务中体现企业文化的价值

不断挖掘服务内涵，创新服务内容，并努力超越客户预期需求，以服务赢得人心，赢得市场，这是公司顺利发展的客户基础。企业文化要与社会文化相融合，从而推动社会进步，才能使企业文化进入一个新境界。企业需要知名度、信誉度、美誉度，而美誉度需要建立在与客户感情交流的基础上，由交易变成对客户的交心、关心、爱护与尊重。

一、移动通信再造——不断围绕客户的需求转

诚信是企业的“立业之道、兴业之本”。诚信服务工程，是以诚信为本，操守为重，“双领先”为基础，完善大客户管理，强化1860客户服务中心建设，提升营业厅和营销网点的服务水准，以始终如一的客户取向，提供个性化业务，实现差异化服务，让客户享受到超值服务，达到市场领先、效益良好的目的。

1. 以“诚信”为本，实施“服务领先”策略

产品离不开服务，服务是产品的出发点和归宿，是企业永恒的主题。诚信服务是对企业差异性水准的升华，诚信是企业“立业之道、兴业之本”。人无信不立，企业无信则衰，诚信是对企业理念的提升，是企业的无形财富和潜在竞争力。理念作为思想的结晶，思想作为行动的先导。因此，移动公司要培养每一位员工的“诚信”理念，彻底摈弃那种以老大自居的旧理念、旧模式，形成企业人人讲诚信，个个守规则的环境氛围。跟进公司所处环境已经发生变化，而且还将会发生新变化的步伐，尽快打破传统观念的束缚，树立以变应变的思想；从过去主要靠扩张网络来拓展市场的规模向提供服务与业务领先策略发展的思路转变；从被动服务型向经营模式转变；从窗口前台服务向全员服务链转变；从统一模式服务向个性化服务转变；从只注重服务水平向注重服务质量转变。将规模优势转化为服

务与业务领先优势，以始终如一的客户取向，诚信提供个性化业务和差异性服务。

2. 以网络支撑为基础，实施“业务领先”

业务产品作为企业生命价值链中必不可少的重要组成要素，是企业再生价值的基础，企业价值的高低主要体现在其产品是否能够被市场和客户接纳认同。移动通信业务产品的形成关键取决于支撑平台的优劣程度，业务产品要走入市场被客户所吸纳接受，则取决于产品的品种类型和质量优劣。基于此种连锁效应，西藏移动通信公司必须根据自身的实力和市场需求，尽全力改造完善现有的业务支撑网络，提高业务支撑网络的适应能力，丰富移动业务品牌内涵，形成品牌系列，适应市场业务需求，赢得客户对品牌的认同，实现业务领先。

西藏移动通信公司虽说有先入为主的优势，业务品牌“全球通”、“神州行”、“移动梦网”几乎与全国同步展开，但还没有真正形成品牌系列，品牌内涵的挖掘潜力很大，需要公司在各方面下工夫。

2003 年，西藏移动通信公司的业务发展、业务支撑部门要进行技术创新，整合平台资源，建立完善多终端、多平台、多接入、多应用的业务平台体系，为业务开发创造条件。业务管理部门要创新思路，在现有业务支撑平台基础上，开发出适应市场、客户欢迎、种类齐全、应用性强的业务；在抓好语音业务和“神州行”亲情号码、移动秘书、移动公话、“二卡合一”等语音增值业务推广应用，利用 VPMN 语音虚拟网业务稳定大客户的同时，把数据业务发展提到新的高度来推广应用，以满足客户的个性化业务需求。

3. 提升数据业务的知名度，达到“品牌领先”

发展数据业务，其目的不仅仅在于增加业务收入，更重要的是在于它创造了产品的差异化，形成了业务的领先优势。可以说，数据业务是移动企业“冬天”的御寒服、能源站，将对企业未来的发展起补充营养的积极作用。总之，数据业务的发展，直接关系到公司的明天。

加强数据营销业务人员的应用培训和业务宣传，提升数据业务的知名度。提高移动网关和 BOSS 运营支撑系统的应用能力，有针对性地引入信息提供商（SP），着力加大“移动梦网”网上咨询天气预报、股票信息、新闻信息、网上聊天、短信息、多媒体彩信（MMS）、无线局域网（WLAN）、无限分组（GPRS）、IP 等数据业务的应用推广力度。为不同的客户群体提供选择性宽、针对性强、使用性能好、品种齐全等个性化的业务，形成话音、数据、图像为一体的业务综合实力，以期达到领先市场之目的，以实现品牌领先。

二、以文会友，文化营销

现代营销是一种文化的展示和交流。移动通信公司在文化营销方面很重视“以人为本、义利并举”价值观的培养和传播。价值实际上是一种信息。公司不断完善外显文化、制度文化、行为文化、物质文化等不同层面和不同角度形成的价值观念群，并传递给社会大众，使他们感受到价值观的信息，激起相似的价值观反应，形成取向共振，由认知转化为实际行动，并取得成功。

公司经常采取“走出去，请进来”的方式，或组织业务骨干到一些企业文化建设搞得较有特色的单位学习、参观，或邀请一些客户参加公司独具特色的“职代活动”，参观公司培训中心，实地感受移动公司企业文化的特色和魅力，并一起就企业文化在构筑现代企业核心竞争优势方面所起的作用进行座谈交流。借此机会以文会友，遍访客户，聆听客户心声，收集客户意见。

三、视同业为伙伴，为自己营造宽松有序的生存竞争环境

公司在开拓业务过程中，要求员工不准说不利于同行业的话，要“视同业为伙伴”，在竞争中有合作，合作中有促进。开业三年来，每年过年期间，公司领导就主动到其他部门拜年。同时要求全员不断向同业学习、取长补短。

为客户送去保障与温暖是他们的义务；作为社会中的一员，向社会奉献爱心是他们的责任。爱心是对社会最好的回馈，公司的年轻人对那曲、日喀则等地抗灾救灾和“希望工程”都进行了捐助。每逢公司的喜庆日子，也是公司开展回报社会的“社会公益活动日”。员工爱护老人，尊重残疾人士，为他们送去关怀和温暖，以民族振兴、国家富强为己任，共同奉献最诚挚的爱心。移动通信公司是社会的细胞，社会是公司的母体。

第五章　几点建议

本案例是以西藏移动通信公司、一个年轻企业的有关情况为素材，选取典型事例进行分析完成的。在一个环境条件不算优越的地方，年轻的西藏移动通信企业，面对市场的激烈竞争，在很短的时间里，不仅求得了生存，而且迅速发展。是什么力量把这些人团结起来，成为一个取得良好经营业绩的有效组织？作为管理人员怎样有意识地以文化为管理手段，以适合我区区情的方式达到较好的经营目的呢？本人在分析案例过程中获得了如下几点体会：

一、企业文化对企业发展的影响

西藏移动通信公司企业文化的建设是一个系统工程，它是以公司为主体，所属员工为组成部分的有机统一体。按照系统论观点，整个系统是一个动态有序的开放体系，其中存在两个双向互动运作模式。

第一，就公司文化本身建设来看，存在一个自上而下的文化灌输与培训融合过程，同时存在一个自下而上的逆向整合过程。在这个整体运作过程中，企业文化处于中心的关节点上，一方面要整合决策层的思路、理念，把它灌输给员工；另一方面，要整合广大员工的思想观念，萃取精华，不断丰富公司的文化内涵，完善文化体系。这样，就在企业文化建设过程中形成了一个由企业领导——员工之间交互影响的双向互动式内部运作模式。

第二，就公司文化交流来看，同样存在一个双向互动模式，即公司文化一社会文化之间形成一种交互影响的双向互动关系。一方面将移动通信企业文化传播给社会；另一方面，又将社会的反馈信息传播给公司。在这个过程中，移动通信企业文化不断得到整合与发展，同时日益融合于整个社会文化体系中去。

移动通信公司企业文化建设既要重视内部双向互动运作，又要重视对外交流双向互动运作，以促进公司企业内部团结协调，适应外部坏境，营造良好的企业生存界面，为企业可持续发展提供强有力的保障。

二、管理者应成为公司企业文化建设的第一设计者

企业文化是通过观念的整合，达到行为的整合；是通过对

个体引导、规范，达到群体的统一、和谐；是通过思想的共鸣，达到力量的凝聚；是通过精神的内化，达到物质的扩张；是通过内部的创新，达到外部的共生。现代企业文化与企业竞争力的关系非常密切。在日益激烈的竞争环境中，管理者与其说舍本逐末一头扎进凌乱的矛盾和没完没了的事务堆中，不如去正本清源，以纲领目。这个纲就是文化。

移动通信企业竞争实质上是管理者之间和移动通信企业文化之间的竞争。成功的移动通信企业必然有成功的管理者，必然有卓越的移动通信企业文化。管理者肩负塑造移动通信企业文化责任的重大任务，在移动通信企业文化建设中，从本企业的特点出发，以自己的企业哲学、理想、价值观、伦理观和风格融合成企业的宗旨、企业价值观，逐渐被广大员工所认同、遵守、发展和完善。

移动通信企业文化的推行，如同其他重要工作一样，关键在于领导的重视。移动通信企业文化绝不等同于企业文体活动，也绝不是空洞的口号或交给哪一个具体部门去完成就可以的。管理者不但要成为移动通信企业文化的倡导者，而且要成为移动通信企业文化的带头实践者，因为管理者是移动通信企业文化的第一设计者。因此，加强各部门领导的自身修养，对建设良好的移动通信企业文化起着举足轻重的作用。

三、将公司改造成“学习型组织”

移动通信市场的国际化、高级化和复杂化，给企业带来了日益激烈的竞争和越来越大的压力。不断学习的、自我更新的、有弹性的“学习型企业文化”是最有生命力的。利用学习型企业文化有助于促使组织变革、创新服务的成功。学习型组织就是一个具有持续创新能力、能不断创造未来的组织。企业只有提高学习能力，变个人学习为组织学习，把个人智商转化为团队智商，将企业改造为“学习型组织”，才能使企业具有经久不衰的生命力。

四、立足于“以人为本”，才有助于培育共同的价值观念，建立共同的愿望

共同愿望能激发出巨大的驱动力和勇气，去做任何为实现愿望所必须做的事。共同愿望是由个人愿望汇聚而成的，借着汇聚个人愿望、共同愿望获得能量。愿望通常包括对家庭、组织、社区、社会的关注，真正的愿望必须根植于个人价值观的关切与热望中，有意建立共同愿望的组织必须不断地鼓励成员发展自己的个人愿望，如果没有自己的愿望，他们所能做的仅仅是符合别人的愿望，结果只是顺从。追寻愿望，就是追寻大家希望共同创造的未来景象。企业的目标或使命，是企业存在的根源。在达成企业愿望的过程中，核心价值观是一切行动的最高依据和准则，这些价值观包括：机会均等、诚信、自由、忠实等。共同愿望和共同价值观时刻会把成员导向这种较宽广的奉献与关怀，造就一种契合人性的企业文化和人文精神。

要实现个人生涯计划与移动通信事业规划的统一，就要调动全体员工的积极性，不断提高创新服务的质量，要解决共同价值与个体价值的关系问题。企业的基础是个人，没有个人能力的发挥，没有了解个人能力是怎样发挥作用的，企业就不能成为一个有机体，也就不可能形成企业活力。团队精神、团队文化，就是要充分兼顾职工的个人利益、人生目标、爱好和志向，充分调动每个员工的积极性，激励他们为移动通信企业的共同事业贡献力量。

现代人强烈的自主决策、体现自我的意识是这种参与感产

生的基础。绝大多数人希望自己思考问题，希望有发表意见的机会。更为重要的意义则是员工有了更多的参与责任与权利。不同人参与的要求是不同的。移动通信企业里的员工受过一定的教育，在企业有一定的技能与工作经验，他们还要求关心企业的很多大事，还要求有发言的机会，并且希望自己的意见被采纳，如何提供给员工更多的参与机会，便成为移动通信企业面临的管理方面的挑战。要把员工真正作为企业的主人来对待，而不能单纯把他们作为企业的雇员。我们必须和他们一同来讨论移动通信企业的发展计划，和他们一起探讨移动通信企业所遇到困难问题的解决方案，包括一同来商讨如何管理企业，制定哪些制度，等等，而员工对企业的共同参与是实现默契的前提。

仅仅依靠物质的奖励来激励企业员工，已经变得越来越不适宜。个人的物质需要在减少，而精神需要则在增加。成功的现代企业管理，人们将会把注意力更多地投向企业的软环境，设法满足员工的精神需要。移动通信企业管理人员必须学会在移动通信企业内部创造新的生产力。管理人员的重要职能之一就是引导和协助员工设法获得共识和自尊。对从事日益复杂工作的员工，移动通信企业不再是仅靠收入来吸引，而是在更大程度上依靠能使人得到满足感和归属感的工作环境来争取。

结束语

现代企业制度要求移动通信企业成为自主经营、自负盈亏、自担风险、自我约束的经济实体。相应的，政府对企业的调控也由行政指令转变为主要依靠经济手段。社会主义市场经济条件下，移动通信企业在行业内展开激烈的竞争，企业文化建设对企业的生存发展更为重要。因为移动通信企业的经营决策是否符合市场客观经济规律，是否能培育出凝聚激励人心的企业精神、企业形象，企业在同行业中的竞争力以及对社会公众的感染力和吸引力，都与企业文化建设有关，关系到企业的经济效益及生存和发展。尤其是在当前移动通信企业面临激烈竞争的情况下，企业文化建设是一种投入少、产出多的激励方式和管理措施，同时也是向商业化转轨生存和发展的内在要求，进行企业文化建设可谓移动通信企业的明智选择。

本文的写作是对我在四川省工商管理学院2001级西藏MBA学历教育班学习三年的总结。MBA学习不仅让我有机会比较系统地掌握了企业经营管理的有关理论，对我分析、解决问题的思路也提供了极大的帮助。在此，我真诚地向三年来热心帮助、教导我的教师们表示感谢。特别要提出的是，我要向给予我悉心指导和教诲的导师黎永泰教授致以由衷的谢意。正是在导师的帮助和鼓励下，我的论文能够得以顺利完成。

我深感水平有限，文中的错误和不足之处在所难免，恳请批评指正。

参考文献

1. 庄强、王功民编著:《以人为本》,企业管理出版社,1997年版。

2. 刘光明编著:《中外企业文化案例》,经济管理出版社,2000年版。

3. 秦言、李理著:《中国企业服务竞争》,中国计划出版社,1999年版。

4. 约翰·科特、詹姆斯·赫斯克特著:《企业文化与经营业绩》,华夏出版社,1997年版。

5. 傅浙铭编著:《培训金典》,广东经济出版社,1999 年版。

6. 刘光明编著:《现代企业家与企业文化》,广东经济出版社,1999 年版。

7. 刘志远、林云著:《现代企业激励机制》,上海人民出版社,1997 年版。

8. 罗伯特·巴克沃著:《绩效管理》,中国标准出版社,2000 年版。

9. 黎永泰:《企业文化专题研究》,四川大学工商管理学院,1999 年。

10. 梁羽龙、马文浩主编:《后哈佛核心管理全集》,延边人民出版社,2002 年版。

在中直部门挂职锻炼期间结合本职工作谈感受

西藏地处祖国西南边陲，是全国五个少数民族自治区之一。面积为122万平方公里，占全国总面积的1/8，边境线长达3842公里。由于社会历史原因，西藏长期处于反分裂斗争和巩固边防的前沿阵地。这一特殊性，要求我们新闻出版工作者要始终高举邓小平理论伟大旗帜，用“三个代表”重要思想统领新闻出版工作，认真学习、宣传、贯彻十六大精神，解放思想，开拓创新，进一步转变职能，加强监管，深化改革，促进发展，在全面建设小康社会进程中开创新闻出版工作的新局面。西藏新闻出版事业的发展事关国家安全、社会稳定和民族进步，尽管改革开放20多年，特别是中央第三次、第四次西藏工作座谈会以来西藏新闻出版事业取得了很大发展，但是就所面临的困难、挑战和任务而言，需要国家实行长期稳定的特殊政策扶持和资金投入，以强化新闻出版社会监管机构，繁荣和发展西藏新闻出版事业。

一、当前西藏新闻出版领域分裂与反分裂斗争的态势

西藏是一个以藏族为主体的民族自治区，全区除藏族、汉族、回族、纳西族外，还有西藏特有的民族门巴族、珞巴族以及尚未认定族称的僜人、夏尔巴人，全区现共有 41 个民族成分。总人口 260 多万人，藏族占 92%，全区青壮年文盲率下降到 34.3% 以下。西藏是祖国神圣领土不可分割的一部分。中央政府十分重视民族问题，始终把坚持各民族一律平等、团结、互助、友爱和共同发展、共同繁荣作为解决民族问题、处理民族关系的基本原则。目前，西藏自治区反分裂斗争面临的形势非常严峻，在西方国际反华势力的支持下，境内外分裂势力相互勾结，破坏活动不断加剧。分裂主义活动在新闻出版领域的表现，一是利用公开出版物和制作、散发非法出版物，传播分裂思想，进行反动宣传；二是在境外组织出版多种文字的反动书籍和报刊，印刷大量分裂材料，从境外入境进行渗透。三是达赖集团不断利用出版物对西藏自治区进行文化渗透，他们出版了《天葬——西藏的命运》《我可怜的家乡》《西藏政治史》等政治性非法出版物，还通过报刊、音像制品大肆宣扬“西藏文化毁灭论”等，对我施加政治压力。中央召开的第四次西藏工作座谈会议明确提出了“一加强、两促进”的新世纪初西藏工作的主要任务，即切实加强党的建设，促进西藏经济从加快发展到跨越式发展，促进西藏社会局势从基本稳定到长治久安。坚持标本兼治，重在治本，我们同达赖集团斗争的重点在意识形态领域，新闻出版在这场斗争中首当其冲。

二、西藏自治区新闻出版事业发展方面存在的主要问题

西藏新闻出版事业与内地相比差距很大，起步晚，基础薄弱，人才匮乏，资金短缺，自我发展能力差。由于民族文字的图书、期刊、报纸等出版物必须坚持社会效益第一的原则，大多数用于赠送基层农牧区群众，因此，出版物因资金短缺，大多数处于亏损状况。出版、发行、印刷业等也由于费用高、设备老化等原因，导致亏损。总之，存在的主要问题是：

（一）出版经费严重不足

西藏人民出版社从1998年开始，由原来全额拨款的事业单位改为差额拨款事业单位，人员工资的60%由财政拨款，自己解决40%；图书出版亏损补贴逐年减少，由原来的180万元降低为110万元；由于经费不足，出版西藏农牧民看得懂、买得起、用得上的图书更为困难。有不少“双效”俱佳的精品图书不得不忍痛搁浅，使出版社的工作陷入极大的困境，尤其是藏文图书的市场前景不容乐观，而且民族文字图书出版本身必须始终体现社会效益，因此亏损的状况很难扭转。

（二）图书发行困难重重

西藏自治区图书发行业最早建立于1951年，至今已有50多年的历史。但由于种种原因，区、市两级书店没有像样的物流配送中心，地区书店规模小、出版物品种少，加之西藏地广人稀、交通不便、购买力低、发行费用高，致使大部分书店成为政策性亏损单位，多数县级书店处于瘫痪和半瘫痪状态。发

行网点不巩固、不健全，农牧区发行渠道不畅通。以上这些问题的存在严重制约着西藏图书的发行工作。

（三）印刷企业技术落后

目前，西藏有各类印刷企业31家，从业人员1046名。国家级书店定点印刷企业2家，省级书刊定点印刷企业4家，其中国有企业11家，集体企业7家，个体企业5家。这些印刷企业承担着及时宣传党的路线方针政策和保证教材“课前到书、人手一册”等重要任务。但是，由于缺乏资金更新设备，党报印刷企业和承担书刊印刷的企业印刷设备普遍老化，不但影响了报纸质量，而且不能保证报纸的正常印刷，影响了党报的传递速度，阻碍了民文书刊的正常印刷。

三、西藏自治区新闻出版事业发展的总体思路和对策

西藏新闻出版业发展的总体思路是：紧密配合党和政府的中心工作，为西藏的跨越式发展和长治久安服务，按照中央指示精神，加大西藏自治区新闻出版改革力度，既要有超前的意识，又要面对现实；既要加速发展，又要稳中求进；既要认清形势，又要发挥优势，加大合作力度，优势互补，加快发展。

（一）关于藏、汉两种文字出版物实行两种体制的政策

西藏自治区新闻出版业采取的是汉文和藏文不分的管理模式，国家的资金补贴既要扶持藏文，又要资助汉文。建议实行藏汉文两种管理体制、两种发展模式的宏观政策。汉文出版走市场经济文化产业道路，做大做强，藏文出版由国家“拨款”，

两种体制、两种模式是由藏文、汉文出版物面临的不同市场环境所决定的，这样比较符合西藏新闻出版业发展的客观条件和内在要求。彻底打破西藏新闻出版业藏文“吃”汉文，又吃不饱；汉文没积累，又长不大的问题，从根本上理顺了出版体制，汉文可以利用较好的市场空间进行自我积累，促进自我发展，国家对藏文的扶持力度加大后，则能够保证专项资金集中的优势。

（二）关于人才的培养问题

优化人才结构，提高队伍素质，建立一支政治强、业务精、作风正、纪律严的队伍是发展西藏自治区新闻出版事业的重要前提，现在人才问题是制约和影响西藏自治区新闻出版业发展的主要因素之一。为此，建议国家出台相关政策并设立西藏自治区新闻出版人才培养专项基金，加大对西藏自治区人才的培养力度。具体方式：（1）采取新闻出版业各类人才选派到中央国家机关、经济相对发达地区挂职锻炼，选派人才到国外进修等方式，加大人才的培养力度。（2）请总署组织专家、学者赴西藏讲学，加强对西藏新闻出版从业人员的培养，提高队伍的整体素质。

（三）关于机构建设问题

西藏新闻出版机构只有一个局，两块牌子，两处一室一办。自2000年5月与自治区文化厅脱钩以来，属于自治区人民政府的职能部门。目前，全区7个地（市）均无新闻出版局。因此，出版管理法规难以落实，管理责任到不了位。建议：（1）近两年内在各地（市）设置新闻出版（版权）局，县级新闻出版机构；（2）各县文化局加挂新闻出版科的牌子，改变地（市）以下新闻出版管理工作责任不明确、认识不统一的状况。因此，新闻出版管理工作在地（市）县一级开展难度大，导致了由于有的职责没有立法赋予地区和县，他们不具备执法主体资格，在处理有关案件时往往受到制约，造成出版物市场疏于监管，问题突出。

（2003 年 12 月）

西藏经济社会发展与新闻出版现状

一、西藏经济社会发展概况

西藏自治区位于被称为“世界屋脊”、“世界第三极”的青藏高原，总面积 122 万平方公里，平均海拔 4000 米以上。陆地边境线长 4000 多公里。下辖 6 个地区和 73 个县（市、区）。自治区内居住着藏、汉、回、珞巴、门巴、纳西、独龙等民族以及僜人、夏尔巴人等。总人口 280 多万，其中藏族和其他少数民族占 95% 以上。

西藏有世界第一高峰珠穆朗玛峰、世界上海拔最高的河流雅鲁藏布江和世界上最长、最深的大峡谷雅鲁藏布江大峡谷；动植物资源十分丰富，有高等植物 5000 多种，野生脊椎动物 779 种，其中国家重点保护动物 123 种；西藏还是全国五大牧区之一，草场面积 12.4 亿亩；矿产资源、能源蕴藏都十分丰富，其中铬金属储量丰富，位居全国第一。

早在几万年前，藏族的先祖就在青藏高原上生存繁衍。13世纪中叶，西藏正式纳入元朝中央政府行政管辖，成为中国的一个行政区。

1949年，新中国成立。1951年，西藏实现和平解放。1959年，西藏实行民主改革，废除了封建农奴制，占当时西藏总人口95%以上的农奴和奴隶成为社会的主人。1965年，西藏自治区成立，实行了民族区域自治制度，西藏人民不仅享有平等参与管理国家事务的权利，而且拥有自主管理本地区、本民族事务的权利。

西藏和平解放以来，经济建设取得巨大成就，城乡面貌发生了翻天覆地的变化，人民群众生活水平不断提高。近十多年来，西藏生产总值每年都以超过10%的速度增长。2006年经济增长速度再次突破13%，实现国内生产总值291.01亿元，人均生产总值突破1万元，是10年来增幅最大的一年，也标志着西藏经济进入了跨越式发展的快车道。社会局势良好，保持了连续18年的基本稳定；城乡居民生活不断改善，得到了新的实惠；教育、文化、卫生等社会事业全面发展，各族人民共享发展成果；思稳定、求发展，谋跨越、奔小康，成为全区各族人民的共同心愿和坚定决心，我们正站在更高的历史起点上奋力前进。建设小康西藏、平安西藏、和谐西藏，新闻出版工作舞台广阔，大有可为。同时，我们也应该看到面临的问题和挑战：如何在西方敌对势力和达赖集团加紧思想渗透的情况下，进一步巩固马克思主义在意识形态领域的指导地位，夯实西藏各族人民共同团结奋斗的思想基础；如何在思想文化多元、多变、多样特点日益明显的状况下，在自治区宗教具有广泛影响的情况下，坚定中国特色社会主义理想信念，团结带领人民群众为实现共同目标而奋斗；如何适应跨越式发展的要求，不断满足人民群众的精神文化需求，弘扬伟大民族精神和时代精神，弘扬“老西藏精神”，凝聚力量、凝聚人心；如何在社会主义市场经济条件下，牢固树立社会主义荣辱观，实践基本价值准则和行为规范，特别是牢固树立“以热爱祖国为荣、以危害祖国为耻”的基本观念，维护祖国统一，坚持反对分裂，加强民族团结。这些都是在新形势下加强社会主义意识形态建设、构建社会主义核心价值体系、推进和谐文化建设面临的重大课题。

西藏交通基础设施形成了以公路、铁路、航空、管道等为主的现代化交通运输体系。通信事业得到超前发展，建成了由光缆、卫星传输，集程控交换、卫星通信、数字通信、移动通信于一体的通信网络，电话普及率为每百人37部。重点实施农牧区道路、通电、通水、农田草场水利、游牧民定居等项目，农牧区生产生活条件进一步改善。

社会事业快速发展，人民群众的思想道德素质、科学文化素质和健康水平不断提高。西藏自治区基本完成了“普六”任务，青壮年文盲率下降至19%。医疗卫生工作不断加强，以免费医疗为基础的农牧区医疗制度覆盖全区农牧民。人口大幅度增长，由和平解放前的100万人左右，增加到目前的280多万，人均寿命也由西藏和平解放初期的35岁，提高到目前的67岁。自然生态环境得到有效保护，自然保护区总面积达40.83万平方公里，占全区土地面积的34.03%，居全国首位。

人民群众的物质文化生活水平大幅度提高。2006年，农牧民人均纯收入达到2350元，城镇居民人均可支配收入8411元。电视、电话、电脑、摩托车、汽车等已经进入普通百姓家。

西藏自治区政府决定，从2006年开始的5年里，每年安排2亿元资金，并积极争取国家投资，整合地方自有资金、援藏资金，并鼓励农牧民群众自筹资金，加快实施以牧民定居、农房改造和扶贫搬迁为重点的农牧民安居工程，使全区80%以上的农牧民住上安全、舒适、适用的新房。此外，通过努力，力争到2010年，所有乡镇和80%的建制村通公路，基本解决农牧民用电问题，基本解决农牧区饮水安全问题，基本实现乡乡通邮、村村通电话。

中央政府和西藏自治区政府高度重视西藏传统文化的保护、继承和发展，大力发展现代文化。藏语文得到广泛学习和使用。在义务教育阶段，全面推行藏汉语双语教学。藏文编码已通过国家标准和国际标准，藏文成为中国第一个具有国际标准、获得全球信息高速公路通行证的少数民族文字。

自上个世纪80年代以来，国家拨款7亿多元，成功地维修了布达拉宫以及大昭寺、桑耶寺、白居寺、哲蚌寺、甘丹寺等一批著名古建筑和寺庙。布达拉宫、大昭寺、罗布林卡已被列入世界文化遗产，得到有效保护。格萨尔、藏戏、雪顿节等15项文化遗产已列入国务院公布的第一批非物质文化遗产名录。

中央政府和西藏自治区政府十分重视保护风俗习惯和宗教信仰自由。传统的节庆活动，如藏历新年、望果节、雪顿节等和许多寺庙的宗教节庆活动得以保留和继承。目前，西藏自治区共有1700多处藏传佛教活动场所，住寺僧尼约4.6万人。各种宗教活动正常进行，信教群众享有充分的信教自由。

今年1月，自治区八届人大五次会议通过批准了《西藏自治区“十一五”时期国民经济和社会发展规划纲要》。《规划》提出，未来五年西藏继续保持“十五”时期全区生产总值和农牧民人均纯收入较快增长的态势，力争全区生产总值年均增长12%，农牧民人均纯收入年均增长13%，到2010年全区人均GDP和农牧民人均纯收入进入全国中等行列。

二、青藏铁路相关情况

青藏铁路西宁至拉萨全长 1956 公里。其中，西宁至格尔木段（一期工程）814 公里已于 1984 年通车。格尔木至拉萨段总长 1142 公里，其中在自治区内的全长约为 701.2 公里，总投资 330.9 亿元。2001 年 6 月 29 日，青藏铁路二期工程正式开工建设。2006 年 7 月 1 日，青藏铁路格尔木至拉萨段正式通车。

传唱全国的歌曲《天路》中有句歌词“这是一条神奇的天路”，任何一个坐火车来拉萨的人都会感受这一“神奇”之处。青藏铁路，是世界铁路建设史上的创举和挑战：一是地质条件复杂，特别是长达 550 公里的冻土区，对设计和施工提出了很高的要求；二是高寒缺氧，960 公里铁路建在海拔 4000 米以上的地段，对参建人员健康带来很大挑战；三是生态脆弱，对环境保护工作提出了严格的要求。

修建青藏铁路是西藏各族人民盼望已久的大喜事，铁路的正式开通将极大地促进西藏经济社会的快速发展，从而惠及西藏各族人民。

青藏铁路的通车，备受世人瞩目。缩短了西藏与外界地理上的距离。一个团结、进步、开放的社会主义新西藏将呈现在世人面前。

三、西藏新闻出版现状

自 1951 年西藏和平解放以来，在中央政府的关心重视下，西藏新闻出版事业从无到有，从小到大，逐步发展，基本形成了新闻出版、版权保护、“扫黄打非”以及法律法规建设相互配套、协调发展的比较完整的新闻出版体系。2001 年全国出版业主要经济指标状况如下：总产值 1750 亿元，所有者权益 910 亿元，销售收入 1500 亿元，利润总额 114 亿元，销售利润率 7.2%，与全国国有及规划以上工业企业的 37 个行业相比，2000 年我国出版总资产排第 26 位，所有者权益排第 25 位，销售收入排第 20 位，利润总额排第 11 位，销售利润率排第 6 位。可以说基本上确定了在全国经济中心的重要产业地位。而 2006 年西藏新闻出版业总产值 3.6 亿元，销售收入 1.5 亿元。

西藏现有西藏人民出版社、西藏藏文古籍出版社两家图书出版社。在图书出版工作中，这两家出版社认真贯彻“立足西藏、面向全国、走向世界”的方针，坚持“以藏文为主、以普及通俗读物为主”的原则，出版了一批反映西藏优秀传统文化和社会经济发展的图书，取得了良好的社会效益和经济效益，为西藏的经济文化发展作出了积极贡献。累计出版藏、汉文图书 11400 多种、1.3 亿多册。其中《四部医典系列挂图全集》《西藏地方与中央政府关系史》《透视达赖》《西藏历史文化辞典》等近 200 种图书荣获中央政府“五个一工程”奖、国家图书奖、中国图书奖等各种奖项。

西藏音像出版社、西藏国际文化影视公司分别成立于 1985 年和 1993 年。音像电子出版工作立足西藏，广泛传播、介绍西藏日新月异的现代化发展新貌，出版发行了一大批具有藏民族文化特色的优秀音像电子出版物，深受广大人民群众的欢迎，对宣传社会主义新西藏起到了积极的作用。已累计出版各种音像电子出版物 100 多种，销售发行量达 33 万多盘。其中《西藏绝唱》《朗玛堆谐》《西藏轻音乐》《藏西极地——大美不言的阿里》等音像制品荣获全国第二届、第三届国产音像制品“特别奖”、“双向奖”和“优秀奖”；藏戏电视剧《朗萨雯波》荣获“五个一工程”奖和飞天奖；《西藏珍藏历史档案》（6集专题片）荣获中央政府“金奖”。

目前，西藏有藏、汉文报纸23种，其中藏文10种，汉文13种，年发行量达5500余万份，实现了7地（市）都有报纸的目标；公开发行藏、汉文期刊35种，其中藏文14种，汉文21种，发行量达83万册，产值350万元，形成了门类齐全、布局合理、比例协调的报刊出版网络。报刊出版工作，注重从西藏实际出发，突出民族特色，坚持政治家办报办刊的思想，弘扬时代主旋律，为促进西藏政治文明、物质文明和精神文明建设，正确宣传政府的方针政策起到了积极的推动作用。《西藏日报》《西藏科技报》《西藏商报》《拉萨晚报》《日喀则报》先后荣获“全国报业管理先进单位”等称号。《西藏研究》《西藏旅游》《西藏民俗》等期刊先后荣获“百种社科期刊奖”等多种国家级奖项。

中国社会科学院制定的《小康社会指标体系及2000年目标的综合评价》中，把出版物人均消费水平纳入全面进入小康社会的重要标志之一，具体指标是：图书消费年人均7册，报纸每千人每天75份。实际上，2000年图书是人均4.95册，报纸每千人每天63份，都没有达到目标。而西藏2001年全国图书人均2.5册，报纸每千人每天才达到12份。

1972年西藏新华印刷厂正式建成投产。几十年过去了，西藏印刷业经历铅印、胶印发展到今天的激光照排、电子分色、多色胶印，重点印刷企业基本实现了印前数字化、印中高效化、印后自动化的历史性跨越。目前，西藏全区印刷、包装、复制企业378家，工业总产值1.6亿元，全年上缴利税985万元。其中国家级定点印刷企业2家，省级定点印刷企业4家。

西藏新华印刷厂先后多次被评为“民族团结进步先进单位”、“全国新闻出版系统先进单位”和“全国500家最大工业企业”称号，成为西藏的重点文化企业。有5家单位被授予“全国诚信印刷企业”称号。

近年来，遵照中央领导同志关于新闻出版要加快建立出版物物流配送、实行连锁经营的指示精神，西藏主要抓了三件大事：一是积极筹建自治区出版物物流配送中心工程；二是加大县级新华书店建设，先后争取投资1008万元新建或改扩建了35个县级新华书店；三是加快国有书店建设，积极发展集体、民营书店企业，基本形成了以国有新华书店为主渠道，集体、民营书店为补充的多种经济成分共同发展的图书发行网络。目前，各类新华书店和发行网点272家，其中自治区、地（市）新华书店及连锁店18家，县级新华书店35家，非国有书店70家，书报刊发行点142家。“十五”期间，完成图书发行码洋3.53亿元，发行品种30万种，发行量7100万册，上缴利税首次突破了1000万元大关。同时每年承担完成全区中小学教材发行400种，700多万册，确保“课前到书、人手一册”。

西藏自治区新闻出版（版权）局作为全区新闻出版业的管理部门和执法部门，认真贯彻执行中央政府的新闻出版、版权方针政策，正确履行政府管理职能：一是重点做好西藏新闻出版业发展规划的制定和组织实施工作，加强对新闻出版发展导向、总量、布局、结构、质量和效益的调控，加强对新闻出版业发展全局性、战略性和前瞻性问题的研究。二是重点把好人员、资质、产品、资金等准入关，建立健全市场退出机制，依法加强对新闻出版活动的监管。三是重点加强对出版物市场的监管，依法保护合法经营者权益，规范市场秩序，打击侵权盗版等违法行为。四是重点针对各类新闻出版企事业单位改革和发展的不同情况进行分类指导，创造良好的环境；加强教育培训工作，为新闻出版事业的健康发展提供组织保证和人才保证。

（2006 年 11 月）

美国新闻出版管理考察

2006 年 10 月 28 日至 11 月 19 日，在国家新闻出版总署人事教育司、对外交流与合作司以及新闻出版总署教育培训中心的精心组织下，我们第十期出版管理业务培训班的 30 名学员赴美国纽约大学接受了为期 21 天的出版管理培训。学习紧张而有序，内容非常丰富充实，使我们在很多方面受益匪浅。

一、考察概况

按照新闻出版总署的要求，考察学习期间，20 位出版专家、集团公司总裁与部门主管为我们授课，参观了 1 家大型图书配送中心、3 家书店和 1 家出版公司。纽约大学继续教育与专业研究学院出版中心为本届培训班精心设计了 39 个专题的课堂授课内容，包括全球出版业发展概述、图书编辑、图书期刊设计、图书出版、版权管理、市场营销管理、财务管理、网络销售、国际化经营战略、出版传媒业的未来趋势以及报纸专栏写作等。授课者包括纽约大学继续教育与专业研究学院出版中心资深项目主管罗伯托·本茨，兰登书屋大众出版副总裁珍妮·范·梅伦、全球执行副总裁邦尼，图书代理有限公司总裁彼得·儒贝尔，纽约出版协会顾问米切尔·梅林克、总编阿尔贝托·奥利瓦，《纽约时报》自由撰稿人赛斯·库格，Harper Collins 集团总裁布律安·穆雷、设计顾问罗伯托·德·怀斯，GPD 出版联合体总裁乔治·戴维森，霍兹布林克出版集团在线销售主管杰夫·高麦兹，新市场出版公司市场营销主管海迪·斯库勒，牛津大学出版社副总裁伊万·斯科利特曼，纽约科学学会副会长妮安娜 N·汤普森，全美独立书商代表联盟行政主管保罗·威廉斯，学者出版社国际分公司副总裁胡格·荣梅、合伙人马丁·雷文，Cross River 出版咨询公司总裁汤姆·乌尔，学者出版社负责国际销售的副总裁赛斯·罗梭，冯·霍兹布林克集团负责出版服务（VHPS）的高级副总裁麦克尔·夏洛克等 20 来个具有丰富出版业经验的专家。其中，年龄最长者为 84 岁的马丁·雷文，其出版从业时间长达 60 余年，目前仍在从事行业兼并的法律咨询工作，所经手并购的企业逾百家。

我们还先后访问了德国贝塔斯曼集团旗下全美最大的英语大众图书出版商——Harper Collins 集团纽约总部，全美最大的儿童图书出版商——学者出版社（Scholastic）纽约总部，位于新泽西州的科学出版社美国分公司，以及冯·霍兹布林克（Holtzbrinck）出版集团在弗吉尼亚州占地约 11 个足球场大小、年图书配送量逾 4000 万册的大型图书配送中心。

通过学习、研讨、交流和参观考察，我们初步了解了美国出版发行业的一些基本情况和运营模式。

二、美国出版发行业现状

美国出版发行市场是一个比较成熟、规范的市场。美国图书市场是由出版商、批发商和分销商构成的。大型出版商都建有自己的客户服务和物流配送系统。批发商在整个市场体系中占有重要位置，采取批量购进再向零售商配送的业务模式，分销商和批发商有明显的区分，他们的服务包括销售、发货、记账、收款，通过这些服务向出版商收取代理佣金。在美国图书市场体系中，美国信息服务公司在图书出版、发行、销售中起的作用非常大。

为了解图书销售情况，代表团一行还实地考察了位于巴尔的摩市全美最大的图书销售商——巴诺书店的连锁机构，以及部分超级市场的图书销售橱柜，并通过对华盛顿美国国会图书馆、旧金山“硅谷”英特尔总部、斯坦福大学，以及洛杉矶好莱坞影视城等地的访问参观，进一步增强了对美国图书文化市场的感性认识。

北美出版集团物流配送中心属于德国集团公司，该公司建于德国的斯图加特，据北美出版集团物流配送中心（VHPS）总裁 Maikokairi 先生介绍，这个由家族式的私营公司发展起来的跨国集团，主营业务是国际出版和媒体，雇员多达 1 万多名，在全球的年度销售总额高达 90 多亿美元。这个集团在美国的分公司即北美出版集团，主要业务包括大众出版物、高校教材和书报刊的出版。该出版集团下设有圣马丁、自由人等一系列的出版公司，其众多的签约知名作家是其宝贵的出版资源，该集团出版的图书获得的奖项有普利兹奖、文学与诗歌创作奖以及其他众多的奖项，从这些奖项中可以了解到该出版集团在出版领域的实力。在教育方面，北美出版集团承担着全美国大学一年级英语教材的出版，还出版各类专业教科书。

这个出版集团公司位于弗吉尼亚州的物流配送基地，它为整个出版公司提供客户服务以及物流配送服务，是集团公司销售与客户服务的中心。这个集团公司的面积就有 40 万平方英尺，约有 11 个球场那么大，共有 30 万种、4000 万册图书，每天处理 1 万多份订单、28 万册图书，物流配送辐射全美以及世界各地，全美每 10 本图书中就有 1 本是该出版集团出版的，1996 年该集团将五个部门合并成一个部门运作。

这个集团公司使用的物流配送设备采用自动化管理，是目前全美最为先进的设施。每种书入库后，首先测量重量及开本，数据立即进入计算机系统，由计算机管理系统来确定货位，计算机系统同时将数据信息加以处理。配送中心的计算机管理分为三个系统：一是订单处理、客户服务和财务结算系统，该系统与集团管理系统相连接，所有数据与公司纽约总部和遍布全美各地的销售代表共享；二是配送中心的仓储管理系统；三是反映商业运行状况的电子数据库系统。

配送中心客户服务部负责接听和解答客户关于图书库存信息的有关问题，同时接受订单，每天处理电话总量约 2000 个。图书的配发库，实行货位条形码管理，计算机系统自动更新货位数据。配发工作昼夜不停，大批量的配发订单 90% 以上在两天之内发出，3 天之内客户收到；小批量的订单包括零售书店和网上书店代发的图书，在专用配发线上采取半人工方式进行操作，订单、货位和发货箱标签全部用条形码扫描的方式进行确认，由于计算机系统有监控能力，包装箱内所配图书如与订单不相符，配发线将自动将该包装箱发回。无论是大批量还是小包装箱的图书，出库之前的最后一道程序都是称重，图书的总重量和计算机根据存储与运算所得的订单目录提供的图书总重量要相一致，这样，一个订单才算完成。

本届高级出版管理培训班学员分别来自全国各地23家出版社和4家报刊社及部分出版管理部门。我们重点参观了美国最有名的连锁书店巴诺书店。美国有两大图书连锁书店：一个是巴诺，另一个是鲍德斯。二者代表了美国图书零售业的连锁营销模式。据了解，总部设在纽约的巴诺连锁店共拥有5000多家超级连锁店，书店不仅面积大、销售品种多，而且大部分连锁店都位于各城市的中心繁华地区，分店的数量也很多。在美国，提到书店，人们大多会马上联想到这家大型连锁书店。连锁店最初与出版社的合作只是简单的供货关系，随着书店规模的扩大和管理水平的提高，目前这类大型连锁书店基本上可以左右出版社的选题策划和印数。例如，美国出版社在推出一部新书之前，往往要先征求书店的意见，并且和书店共同安排推广事宜，制定销售策划等，否则，新书很难有生命力。此外，书店可以向出版社退货，这样出版社在图书的印数上得反复推敲。在美国一般图书的退货率为10%到20%，这就是为什么美国的图书定价普遍较高，尤其是专业类图书。为了销售更多的图书，美国书店内各种广告随处可见，最新的书放在最明显的位置，更换频繁。在美国，任何一个人都可以申请成立出版社，注册资金低，出版社多如牛毛。除像时代华纳、兰登书屋等大型出版公司外，大部分出版社每年出书量有限，有的一年只出版一种书。

三、版权和作品内容

这次培训中有多个讲座直接或间接涉及版权和作品内容，

主要有：

（一）关于再版书

兰登书屋的 Jane 讲到再版书时提到，在美国精装书（Hardcover）和平装书（Paperback）的版权往往是分开的。在美国的图书出版中，第一版通常是精装书，再版书主要指平装书，作者可能只授权某家出版社出精装书，而将平装书的版权授予另一家出版社，也可能同一家出版社同时拥有精装书和平装书的版权，但他们自己只出精装书，等精装书的销售接近尾声时，再将平装书的版权卖给另一家出版社。据 Jane 介绍，兰登书屋旗下有 98 家出版社，其中大部分为平装书出版社。当然，这种情况主要发生在大众读物上，专业图书基本上都是精装书。

（二）作者、代理商和编辑

Peter Rubie 的总裁谈了作者、代理商和编辑之间的关系。据他介绍，在美国，代理商是作者和出版商之间的重要媒介，大众类读物，尤其是小说，通过代理商达成协议的高达 90% ~ 95%。美国一些大的出版公司通常不直接接受作者的投稿，而接受通过代理商投来的稿件。代理商在整个出版市场扮演着非常重要的角色，他们了解各出版社甚至编辑的情况，知道他们对什么样的书感兴趣，也知道谁对某本书的营销能力比较强。而编辑和作者之间往往存在信息不对称的情况，编辑经常忙于各种事务而无暇发现和寻找新的合适的作者，而作者对出版社和编辑的情况又不了解，这就为代理商提供了广阔的空间。代理商分为很多种，有的专门关注畅销书，有的注重对作者本身的发展规划。代理商的代理费通常来自作者的稿费，一般占到作者稿费的15%（国内市场）、20%（国际市场）。那些精明的代理商在与出版商洽谈合约时通常会对授权的权利种类和范围进行严格的限制，如只授权出版商在某一地域范围内出版发行某一文字文本，而将其他地域范围及其他文字文本的版权留在自己手中，以掌握主动权。

（三）出版新书要考虑的几个重点

John Wiley & Sons，Inc. 的 Jenny 讲了出版新书要考虑的几个重点，是关于图书内容的，或者说是关于选题要求的，这也是众多讲座中唯一一次专门针对图书内容的讲座。Jenny 认为，那些针对大众的非小说类图书以及参考书在决定是否出版时主要应考虑以下四个因素：一是“主题”，即首先要明确这本书讲什么，这样的主题是否贴合读者的需求；二是“来源、出处”，即书是谁写的，谁出版的，主要考虑作者的知名度、权威性等；三是“为什么现在”，即应考虑书的时效性，考虑为什么是现在出这本书而不是过去或将来；四是“强烈的感情、情绪”，即该主题能与读者产生什么样的情感共鸣。

（四）国际版权转让

兰登书屋全球执行副总裁 Fenny 介绍了兰登书屋的全球化战略以及国际版权转让的有关问题，提出兰登书屋既向国外出售版权，也从国外购买版权，他们在向国外出售版权时主要考虑三种情况：版权代理（通常是当地的版权代理，因为他们对当地出版社的情况比较了解）、已经合作过的出版社、知名的出版社。Fenny 建议说，如果中国的出版社想对外出售版权，应该向对方提供正式而详细的信件，并将目标作品译成其他文字（如英文），同时说明作品的权利状况（具体说明你手里有哪些权利可以转让或出售)。

(五) 版权输出时考虑的主要因素

Scholastic Publishers Inc. 主管国际业务的副总裁 Seth Russo 讲了 Scholastic 开发国际市场的一些情况,其中提到在输出版权时考虑的主要因素,包括以往合作的经验、对方提出的合作条件、对方有无能力操作这本书以及当地版权代理商的意见。与兰登书屋 Fenny 介绍的情况很相似,反映了美国出版商在国际版权转让方面的一些共同特点。

四、美国杂志情况

(一) 市场情况

伴随近年美国经济的复苏,美国杂志消费市场终于迈出了增长的步伐。美国现有约 9800 种杂志,2005 年有 842 种新刊创办。根据已获得的数据显示,杂志消费支出 1997 年 ~ 2002 年实现年均增长 1.9%,2002 年达到 210 亿美元;杂志广告支出同期年均增长 2.3%,2002 年达到 110 亿美元。不可忽视的一个问题是,每期单品种杂志的发行量 1997 年 ~ 2002 年下降 0.5%,2002 年为 0.9%,出版商通过提高定价的方式,保证了杂志销售收入的微弱增长。行业预测分析,在 2002 年 ~ 2007 年间,杂志的总体消费和广告支出仍将维持增长的态势,分别为 4.2% 和 6.2%。但业内人士认为,美国国内市场基本饱和,增长空间并不大,这也是目前为何杂志商纷纷把其发展战略转向国际市场,特别是亚洲市场的原因。

（二）出版运作情况

1. 合同要素。由于一本杂志大致需三年时间才能运作成功，所以合同签订以三年期限居多。合同中，授权方要明确授予其杂志的商标、名称、内容、更新、保障等主要权利。被授权方需明确其应尽的义务，主要包括版税、资产分离、专有权、范围、财务报告、内容、印刷质量、营销投入、版权保护、终止条款，等等。签约的基本原则是：要考虑每一个可能发生的事件，要保证合同双方完全充分理解合同条款，合同本身要为合作双方的未来提供一个较好的保护。

2. 编辑设计。一本杂志进入一个新市场，要想取得成功，首先要在编辑上考虑转型的问题，以适应新市场的需要。如，在采用翻译和原创文章的比例安排上，目前已出现原创比例越来越大的趋势，原创比例一般占 50% ~70%，如《父母》和《财富》两本杂志的海外版本，汲取英文版的概念，从自己的角度写自己的故事，这样，相同的和不同的思想在一本杂志上得到体现，因此而获得成功。即使是翻译文章，也无法做到逐字逐句的翻译，编辑往往需要保留情节重点，以更加贴近当地读者的方式，重新编写文章。其次，设计视觉是杂志成功的另一关键因素。目前，美国杂志封面设计的基本原则是：

（1）标题越少，效果越好。理想的是在封面上安排四行标题，其中有主、副标题，可用大小字号和不同颜色进行组合。

（2）主要标题要放在封面的上方而非下方。

（3）图片设计比标题设计更重要。

（4）主要标题的颜色和杂志名字的颜色要一致。封面设计元素也可以引进，但同样需要调整，重新体现，以符合当地读者的阅读口味。

3. 期刊营销。从传统的角度讲，杂志收入主要来源有三：零售、订阅和广告。从20世纪80年代初开始，由于杂志批发销售商广泛使用电脑，以及出版商采用订阅代理和低价订阅的政策，大大削减了零售连锁店，降低了杂志的价值，从而导致杂志销售收入的下降。由于销售收入的下降，再加上邮费、纸张和人工成本的不断上升，出现了出版商严重依赖广告收入的状况。但另一面，随着技术的进步，网络在提高零售和订阅收入方面也起到了积极作用，使网络营销成为新的潮流。如，用网站扩展和强化纸质版的编辑内容特征；创造出只有在网站中存在的编辑内容；建立杂志盟友，通过网站链接杂志的重要内容而加强单本销售；网站是获取其他联络资源的成本最低的工具；鼓励读者参与你的网站更新；使用信用卡为客户自动续订。

广告方面，卖广告已成为历史。今天，广告商要求的不仅仅是一页纸的印刷，而是迫使出版商提供“增值”，而网站是最好的方法。网站之所以能成为今天杂志出版的重要组成部分，是因为广告商希望能够与读者进行实时的直接沟通。因此，出版商必须找出与读者讨论的新方法，如在杂志网站上设计出“×××主办”区域，有问卷调查、比赛、产品展示版块等。另外，通过手机得到读者反馈，也是不可忽视的方式。所以杂志为广告商量身定做很重要，无论何时，无论在纸上还是在网络上，他们的广告计划都是针对读者的。网站广告成功的关键是内容设计要使读者兴趣最大化。广告商要的是数据结果，因此，网站设计必须要符合这种要求；此外，鼓励读者免费下载独特的照片或内容，由广告商出钱，也是获得数据的好方法。在现有市场环境下，卖广告、免费赠阅给特定客户阅读，是支持杂志运行的选择之一，但无论是出版纸质的还是网络的或手机阅读的杂志，出版商永远是信息提供商、内容提供商。

五、体会和建议

美国是世界上四大出版国之一，拥有比较丰富的出版资源。美国出版市场是一个完全开放、充分竞争的市场，是一个全球化的市场，是一个靠资本运转的市场。我国加入WTO后，中美两国经济文化交流日趋深入，两国出版业的合作必将越来越广泛，我们应该从这一方面入手多深入研究。

以前我们把中国出版业走向世界简单地理解为将我国的图书、报刊发行到世界各地。其实由于语言的障碍，中文书刊只是在华人圈子内流通，而国内出版的外文书报刊由于存在明显的宣传痕迹，往往被当地人看做是免费赠送或外宣读物，市场营销不合理。因此，在促进我国书报刊对外发行的同时，逐步在欧美主要国家建立出版基地，把国内好的书报刊直接翻译成当地文字出版发行，才能真正进入主流渠道。

据介绍，目前全美已掀起中文学习热，越来越多的外国人对中国文化产生了兴趣，介绍和研究中国的图书应该在美国有一定的市场。

通过20多天的学习、探讨、考察，我看到了中美出版发行运营管理的许多差异，有很多问题值得我们去思考。

（一）出版发行管理体制

美国对出版发行没有限制，出版发行经营的主体都是企业，而我国出版社刚刚向企业化转型，实际上出版社在很大程度上受到政策的保护，出版社经营和管理的水平落后于我国其他行业企业的水平。目前，根据我国政府对WTO的承诺，已允许外资进入我国的发行、印刷等领域，国内发行格局正在发生深刻的变化。出版社转制后如何应对这些变化，美国出版发行的许多做法值得借鉴：第一，将营销提前纳入到出版环节。美国巴诺连锁店同出版社的合作方式，将会是国内的出版发行运营的新趋向。第二，要支持出版学术科研和社会效益较好的图书。美国是个完全市场化的国家,但是出版社出了不少看似没有经济效益的图书,他们甚至出了很多研究西藏的图书。西藏自治区情况特殊,将来要大力支持藏文、西藏文化文物保护等方面图书的出版,这部分图书的出版可借鉴美国的经验,一是部分学术图书可采用高定价的方式,二是可以通过网络来营销。

（二）出版发行要跟踪科技发展

西藏目前的出版、发行、印制，运用高科技手段很少，物流配送还比较原始。相比美国一些公司98%的订单都通过电子方式传输，图书在三两天送达，西藏还有很长的路要走。第一，要加快新闻出版局局域网和互联网建设。第二是配套好图书的采购、订阅和运输。第三是时刻关注国际新科技的发展，将最新技术及时运用到出版发行领域。

（三）出版发行要加强经营管理

与美国先进、快捷的出版发行运营相比，西藏出版发行目前存在很多问题，我认为最为严重或者说最亟待改进的是管理。长期以来，西藏一直把出版社、书店当成机关事业单位来管理，在经营中很少落实经营、计划、策划、成本控制、营销推广、客户服务等理念。因此，西藏需要进行一次理念的革新、管理的创新。

在出版业方面，中国相比发达国家还有一定差距，但同时值得骄傲的是，我们国家经过20多年的改革开放，国家经济发展了、人民生活水平提高了，与国外的差距正在逐步缩小。此次出访大开眼界，我们都是文化出版发行行业的工作者，肩负着发展先进文化、促进精神文明建设的重任。因此，更应认真学习，努力做好本职工作。

（2006 年 11 月）

新闻采编人员应有的知识与素质培养

一、报业发展的基本情况

目前，我国拥有独立刊号、在市场公开发行的报纸 1938 种，其中全国性报纸 220 多种；省级报纸 810 多种；地市级报纸 870 多种；县市级报纸 19 种（主要是老区报、民族报）。按出版结构讲，有各级党报 440 多种；晚报都市类报纸 280 多种（其中晚报 150 多种，都市报 130 多种）；生活服务类报纸 240 多种；行业、专业及其他各类报纸 950 多种。同时，全国还使用 13 种少数民族文字出版 91 种少数民族文字报纸。2006 年，报纸总印数 414.5 亿份，总印张 1634 亿印张。与 2005 年相比，总印数增长 2.6%，总印张增长 7.6%。目前，我区新闻出版业总产值为 3.6 亿元，占全区 GDP 的 1.23%，其中 2006 年我区 23 种公开发行的报纸（其中藏文报纸 10 种）共出版 5500 万份，完成产量 6.6 万千印张、与 2005 年相比增长 12.3%。

2005年我国出版期刊9468种（不含军队的270多种），其中社科类，包括文化教育、文学艺术、少儿读物等共4300多种，其中哲学社会科学类最多，为2340种；自然科学、工程技术类5100多种。科技期刊中，数量最多的是工业技术类，1800多种；其次是医药卫生类，1090多种。2006年，我国期刊的总印数28.5亿册，总印张134.7亿印张，定价总金额140亿元。与2005年相比，总印数增长3.7%，总印张增长20.1%，总定价增长8%。2006年我区34种期刊（其中藏文期刊14种）共出版83万册，完成产量3400千印张，产值350万元，与2005年相比增长12.9%。据新闻出版总署统计，我国现有39家报业集团中，资产总额超过20亿元的有7家，主营业务超过10亿元的有7家，利润总额超过1亿元的有8家。

期刊方面，目前发行量最大的是《读者》杂志，去年4月的月发行量曾突破千万大关，达到1003万册，在400多人的甘肃省人民出版社，《读者》杂志的人数占全社的10%，利润却占80%~90%。甘肃省决定成立读者出版集团，并已于去年1月18日挂牌。

报刊业在快速发展的同时，面对新形势、新情况，一些问题也开始显现出来，有的还变得越来越突出。这些问题，有的是体制、机制遗留下来的，有的是报刊市场竞争问题。比如，我们过去一直按照计划经济模式审批设立报刊出版单位，中央机关按部门、地方按行政区划配置报刊出版资源，哪个部委、哪个地方没有，就被认为是不重视、不公平，而不管是否具有办报办刊能力和市场需求。在申请创办报刊时经常听到的理由就是别的地方、别的部门都有了，就我们还没有。由于按条块配置报刊出版资源，并且按行政级别来认定主管主办单位的资格，形成实际上的出版资源部门所有、地区所有、单位所有，使优胜劣汰的市场机制难以形成，出版资源的优化组合难以实现。

这些年中央强调要控制总量、调整结构、优化布局，一个很重要的考虑，就是想要改变报刊业的散滥和结构、布局不合理的状况，实现报刊业的集约化、专业化发展和结构、布局的优化。然而，要推进这一方面的调整、重组难度很大。比如，西藏自治区报刊业结构、布局不合理的问题越来越明显。这种不合理问题目前比较突出地表现为区内城市报业市场趋于饱和，结构趋同、同质化竞争的现象愈演愈烈，而在西藏真正受基层群众特别是农牧民群众欢迎的报纸不多，订阅特别是购买报刊非常不便。尤其是长期以来，达赖集团在国际反华势力纵容和支持下大量进行反动宣传，炮制和散发书报刊是他们从事分裂祖国罪恶活动的重要手段，也是与自治区新闻报刊业争夺思想和舆论阵地的较量。西藏城市中心信息资源丰富，人才资源集中，编辑出版力量较强，报刊出版资源在市区相对集中也是符合经济规律的。但问题在于，西藏特殊的地理位置和自然条件，致使报刊出版运输线长，发行费用高，特别是乡村一级因为人口相对较少，除国家免费赠送的报刊外，群众的购买力相对较低，发行得越多赔得也就越多，导致报刊发行网络延伸不到，使农牧区群众的阅读需求得不到应有的满足。根据中央确定的报刊业控制总量、调整结构、优化布局的要求，这些年新办报刊基本停止了审批，新闻出版总署的审批工作主要是通过对现有报刊出版资源的变更、调整、划转、重组等来引导、促进报刊业结构、布局的调整与优化。如在都市类报纸已经趋于饱和的城市，不再批准其他类别的报纸改办为都市类报纸，同时制止和纠正一些专业类报纸擅自改变办报宗旨或超越业务范围的违规行为。

二、新闻从业资格的有关规定

2002年6月1日，新闻出版总署出台《关于新闻出版行业领导岗位持证上岗实施办法》，明确规定报刊社总编、社长任职资格、岗位职责，新闻记者培训制度，实行新闻从业人员资格考试制度。2001年新闻出版总署发布的《关于进一步加强记者证管理的通知》，对记者证的发放范围、使用规定以及违反规定的处理等进行了明确的说明。各报刊社要加强记者证的发放标准和使用管理。2002年11月20日，新闻出版总署、中宣部、广电总局出台的《关于开展新闻采编人员资格培训工作的通知》，对新闻单位采编人员开展资格培训的培训目的、培训内容、培训对象、培训管理等有关要求进行了详细规定。《通知》规定对新闻单位采编人员进行培训的内容是：学习马列主义、毛泽东思想、邓小平理论和“三个代表”重要思想，党关于新闻出版工作的方针、政策和新闻出版工作的基本原则，国家关于新闻出版工作的法律、法规和政策，新闻出版工作者的职业道德，新闻传播学理论知识以及新闻传播的新知识和新技术等相关知识。

2006年11月28日，在自治区新闻单位负责人座谈会上，自治区党委书记张庆黎同志对新闻工作者提出了五个方面的具体要求：一是要有强烈的事业心。就是要有强烈的干事业、干好事业的愿望，这是做好工作的先决条件。二是要有认真负责的精神。毛泽东同志有句名言：“世界上怕就怕认真二字，我们共产党人最讲认真。”三是要有坚定的理想信念。新闻宣传是党和人民的喉舌。我们搞新闻的首先自己要有坚定的理想信念，这既是做人的根本，也是做事的灵魂。四是要有精湛的业务能力。就是要干一行爱一行，爱一行钻一行，干什么学什么，钻什么通什么。五是要有严明的纪律。没有规矩不成方圆。新闻工作作用大、影响大、责任更大，绝不能随心所欲，必须模范地遵守新闻工作纪律，至少要把握以下几点（7 个必须）：1. 必须在思想上、政治上、行动上与以胡锦涛同志为总书记的党中央保持高度一致，坚定不移地贯彻党的路线方针政策。2. 必须把社会效益放在首位。我们社会生活的本质和主流是积极的、健康的、向上的，因此必须坚持以“团结、稳定、鼓劲、正面宣传为主”的方针，真实、客观地反映我们的社会生活，讴歌我们伟大的时代，绝不能猎奇，一定要讲究动机和效果的统一。3. 必须坚持内外有别。公开发表的和内部发表的要有严格区别。4. 必须严格请示、报告和审稿制度。要进一步完善新闻采编工作制度，不断教育、强化编辑、记者的政治意识、责任意识；要完善稿件审核签发程序，谁审核谁负责；要强化编辑责任，严格执行编辑、部门负责人、总编（台长）三级审稿制度。5. 必须建立交流、奖惩的制度。6. 必须坚持新闻通气会制度，及时向新闻单位通报中央和自治区的重大政策和工作部署、安排工作任务，通报情况和问题。7. 必须有良好的作风。优良的作风是一个人素质的综合体现。

今年 1 月 17 日在全区宣传部长会议上，自治区党委常委、宣传部长崔玉英同志总结讲话时强调指出舆论宣传工作要始终坚持以“团结、稳定、鼓劲、正面宣传为主”的方针，牢牢把握团结和谐、昂扬向上的宣传基调，旗帜鲜明地唱响时代主旋律。要紧密围绕自治区党委、政府的中心工作，坚持“三贴近”原则，讲求新闻宣传艺术，改进宣传报道方式，不断增强新闻宣传工作的群众性、针对性、实效性。要进一步加强新闻舆论管理。

三、关于新闻工作的基本原则

认清新闻出版业所面临的机遇、挑战和任务，只是做到了确保正确舆论导向的第一步工作。个人认为，对于新闻采编人员来说，在具体实践中做好舆论导向工作，严格把握新闻工作的基本原则非常重要。我国尚未颁布新闻法，新闻工作的原则主要通过党的文件以及行政规章来规范和约束。涉及新闻工作的原则很多，这里我就新闻工作的基本原则归纳为六个方面的“坚持”，供大家参考。

（一）坚持马克思主义的指导地位

新闻工作是党和人民的喉舌，是重要的思想文化宣传阵地，加强和改进新闻工作，最根本的是坚持和巩固马克思主义在新闻工作中的指导地位，这是我们党带领全国人民始终沿着中国特色社会主义正确方向前进的重要保证。新闻工作只有坚持以马克思主义为指导，才能正确宣传贯彻党的路线方针政策，才能坚持正确的舆论导向，才能在新闻工作中实践“三个代表”重要思想和科学发展观。如果动摇甚至放弃马克思主义的指导地位，在指导思想上搞多元化，势必导致人心大乱，天下大乱，给党和国家带来灾难性后果。

坚持马克思主义的指导地位，最重要的就是在新闻工作中用马克思列宁主义、毛泽东思想、邓小平理论、“三个代表”重要思想和科学发展观武装全党，教育人民。坚持马克思主义的指导地位，必须坚持唱响主旋律，打好主动仗。我们讲的唱响主旋律，最主要的就是要高举马列主义、毛泽东思想、邓小平理论、“三个代表”重要思想和科学发展观的伟大旗帜，在尖锐复杂的反分裂斗争面前，要始终与以胡锦涛同志为总书记的党中央保持高度一致，认真贯彻自治区党委的重大决策部署，旗帜鲜明地与达赖分裂势力作斗争。坚持用党的基本理论、基本路线、基本纲领宣传教育干部和群众，用爱国主义、集体主义、社会主义和艰苦创业精神宣传教育干部和群众，用一切有益于人们身心健康的精神产品占领思想文化阵地，大力弘扬社会正气和时代精神，以激励、调动和发挥人民群众建设和谐西藏的积极性，为西藏的发展稳定营造良好的社会舆论氛围。我们讲打好主动仗，就是要总结和运用好我们党领导意识形态工作的历史经验和新鲜经验，正确分析和认识社会主义初级阶段宣传思想领域的特点，遵循思想道德和文化建设的客观规律，坚持从实际出发，坚持重在建设，以积极进取、科学务实的态度研究新情况，解决新问题。

（二）坚持政治家办报

政治家办报的原则，充分体现了新闻工作的党性原则。政治家办报，就要求办报人员在新闻工作实践中有坚定的马克思主义立场，坚持马克思主义的指导地位。要坚定自觉地团结在党中央的周围，在政治上、行动上与党中央保持高度一致。要努力宣传贯彻党的路线方针政策，自觉实践“三个代表”和科学发展观的要求。要理直气壮地与各种错误的思想观点开展斗争，在大是大非问题上立场坚定，旗帜鲜明。记者必须始终保持政治上的清醒和坚定。前些年，社会上一些与马克思主义、社会主义相违背的思想言论时有出现。有的公开鼓吹全盘西化，在政治上主张西方式的多党制和议会民主，在经济上主张私有化，在思想文化上主张取消马克思主义的指导地位，在价值观上主张极端个人主义；有的歪曲党和人民的奋斗历史，煽动对党和政府的不满；有的不负责任，生产格调低下、宣扬色情暴力、迷信的影视作品和书刊；有的对改革开放持怀疑和否定的态度，等等。这些错误的思想言论尽管不能左右我们的舆论导向，我们新闻工作者仍然必须保持高度的政治警觉，增强政治敏锐性，提高政治鉴别力，加强政治纪律观念，决不给违反四项基本原则、违反改革开放政策、违反党的方针政策的错误观点，以及危害人民特别是青少年身心健康的东西提供传播渠道。

（三）坚持正确的舆论导向

舆论导向是新闻工作之本，我们要牢记中央领导关于“舆论导向正确，是党和人民之福；舆论导向错误，是党和人民之祸”的重要指示，始终按照“三个代表”和科学发展观要求，正确引导舆论。坚持正确的舆论导向，就必须坚持党性，坚持实事求是，坚持“以团结、稳定、鼓劲、正面宣传为主”的方针，努力为改革开放和现代化建设营造良好的舆论环境。在搞好党的重大方针政策宣传的同时，一定要针对干部群众关心的热点难点问题，做好解疑释惑、提高认识的工作，引导群众正确认识形势，看到光明前景，积极参与和支持改革，自觉维护社会稳定。要以科学的理论武装人，以正确的舆论引导人，以高尚的精神塑造人，以优秀的作品鼓舞人。对社会热点难点问题多引导、不炒作，对敏感问题报道要谨慎、守纪律，对重大突发事件报道要讲统一、不抢发。

（四）坚持为人民服务，为社会主义服务，为全党全国工作大局服务

这是中国特色社会主义新闻事业的本质体现。新闻工作的这一方针原则是一贯的。党的十六大报告指出：贯彻“三个代表”重要思想，本质在坚持执政为民，并告诫全党同志要牢牢把握这个根本要求。胡锦涛同志也在多次讲话中强调“执政为民”，指出“权为民所用、情为民所系、利为民所谋”的“以民为本”思想。在新闻和宣传方面，胡锦涛同志明确提出了“三贴近”（贴近实际、贴近生活、贴近群众）的要求，这是在社会主义市场经济条件下对新闻出版工作提出的重要指导方针，具有很强的针对性。“三个代表”、“以民为本”、“三服务”方针，是完全一致的，“三服务”方针体现了“三个代表”重要思想，“以民为本”集中体现了“三服务”方针，“三服务”方针的落脚点就是以民为本。当前，新闻工作贯彻“三服务”方针，就是要把党中央精神宣传贯彻好，把全国人民的力量凝聚到为实现党中央提出的奋斗目标上来。

（五）坚持新闻的真实性

新闻的真实性既是我国新闻工作的基本要求，又是我国新闻工作的优良传统。我国的新闻之所以有较高的公信度，是因为坚持了新闻的真实性。但是一个时期以来，新闻的真实性遭到了挑战，一是有偿新闻的侵蚀，二是有的记者工作作风不好，三是社会上有一批专门制造假新闻的人，四互联网信息的影响。新闻的真实性是新闻的生命，对这个问题决不可掉以轻心。

（六）坚持党对新闻工作的领导

坚持党对新闻工作的领导是坚持新闻工作正确舆论导向，发挥新闻工作是党和人民喉舌作用的根本保证。我们党有领导新闻工作的优良传统和丰富经验，并且在实践中形成了一整套行之有效的工作思路、工作机制、工作方法以及规章制度。在新的形势下，要深入研究新闻工作的特点和规律，坚持解放思想、实事求是、与时俱进，积极探索做好新闻工作的新途径、新办法，提高新闻工作的公信度和感召力。我们坚信，在党的领导下，以科学发展观为指针，必将开创中国特色社会主义新闻工作的新局面。

二、新闻采编人员应具备的基本素质

全面建设小康社会，实现中华民族的伟大复兴，是我们报刊业新闻采编人员肩负的重要社会责任和历史使命。要适应新时期新闻采编工作的需要，就必须加强新闻采编队伍建设，不断提高采编人员的素质。

新闻采编人员应具备的基本素质很多，主要有政治素质、知识素质、专业素质、道德修养等。

（一）政治素质

讲新闻工作的党性原则，第一条就是要求我们办报办刊的人一定要有政治意识，要有政治上的清醒与坚定，在大是大非问题上能够立场坚定、旗帜鲜明，不给违反党的路线方针政策的错误观点，以及危害人民特别是危害青少年身心健康的东西提供传播渠道。作为对公众的思想和行为产生影响的大众媒体，为公众提供健康的精神食粮，用正确的舆论引导人们的思想和行为，是我们新闻采编人员义不容辞的职责。对一些涉及政治性、政策性的问题报道不报道、如何报道，我们的采编人员一定要有政治意识、大局意识、责任意识。对舆论导向特别是政治导向的正确把握，既是对新闻采编人员第一位的要求，也是办报办刊的人必须坚守的第一条高压线。在这个问题上，过去的教训不少。我们既要改进新闻宣传工作，也要加强管理，不能给错误的甚至是反动的言论提供传播渠道。

这两年西藏各报刊社在政治导向上没有出现大的问题，但这样那样的问题仍时有出现。如乱刊登虚假广告、随便从网上下载格调低下的内容刊登在公开发行的出版物上，都已受到了通报批评。对涉及民族、宗教、军事、外交等复杂、敏感问题和涉及社会稳定的突发、群体事件的报道，要服从、服务于全党全国的工作大局，服从于社会稳定的大局。对这些方面的宣传报道，党和政府有关部门都有明确具体的规定和要求，但依然没有引起有的报刊社应有的重视。在采写、编发、审核涉及社会稳定的突发、群体事件这类稿件时，决不能只考虑报刊的市场效益，不能只片面强调内容的真实性，更要考虑发表后可能产生的后果，考虑社会稳定的大局。

（二）知识素养

新闻采编人员要及时准确地把握和反映社会生活的脉搏，加强自身在知识的广度和深度两方面都必须具备的素养，适应新时期新闻采编工作需要的合理知识结构。有些报刊社经常出现常识性的错误，这就是知识素养不够所致。对涉及民族、宗教、军事、外交等复杂、敏感问题的报道，有时候不是故意，更不是恶意，而是编辑、记者缺乏相关知识导致的。

（三）专业素质

专业素质是对新闻采编人员的职业要求。近年来我区新闻采编人员队伍的专业结构发生了很大变化，大批非新闻学科教育背景的人员进入了采编队伍，这一方面体现了新闻事业发展和高新技术的运用特点。报刊业对人才的需求量越来越大，对人才知识结构和专业技能的要求更加多样化，这方面在我们西藏较为突出。另一方面，也确实存在一个加强专业训练、提高专业水平的问题，因为新闻采编工作毕竟有着自身特有的规律和特点。如职业敏感问题，生活中有取之不尽的新闻资源。我们的采编人员下乡时，可以把下乡路边新盖的房子边走边记，稍加整理就成《农牧民群众搬进新房》；看到一处美丽的风景，就可以写篇《充满希望的高原》，等等。媒体之间的竞争，归根到底是人才的竞争。因此，专业素质问题应引起普遍重视，通过培训、进修等继续教育方式大力提高，以适应媒体竞争的需求，适应从业人员自身竞争的需要。

（四）道德修养与社会责任感

从英国的戴安娜事件、香港的《东周刊》事件到记者的职业道德问题都曾成为社会广泛议论的焦点。报刊出版中不时表现出来的低俗之风，可以说是报刊业的一个顽症。经过治理，情况总体上有所好转，但仍是群众反映强烈的问题。编发、审核稿件时，要想到自己的党性原则和社会责任感。我们办报办刊的人千万不要低估今天绝大多数文化消费者的道德水平和审美格调，有的小报小刊沦落为地摊读物，有何前途？而真正做大做强了的期刊如《读者》《半月谈》《知音》《故事会》《家庭》，等等，靠的都不是低俗、媚俗。

（五）行为规范与自律意识

搞采编，要深入基层、深入群众、深入生活、深入实际，才能写出好的报道，要深入下去，就需要吃苦耐劳，甚至冒着危险。如2007年4月，央视“经济半小时”栏目三名记者在河北省昌黎县采访一家违规企业被殴打。而我们有的记者却在采访时浮光掠影，甚至凭着道听途说写报道、发稿子，对媒体公信力造成极大伤害。2007 年 4 月 2 日，浙江一份报纸刊登《择优录取咋变成变相体罚》一文，说原绍兴县县长已被“双规”，实际上该同志不仅没被“双规”，而且已调任温州市委常委、常务副市长。失实报道源自一名记者仅凭上访职工提供的一条道听途说的手机短信，未做任何调查核实就写进了报道。这一严重失实报道既伤害了当事人，引起绍兴、温州两地群众的误解和不满，同时也使报纸的公信力受到严重影响。事件发生后，主管单位做出严肃处理，给予负责的副总编辑行政警告处分，给予该记者行政记大过处分，调离采编岗位，注销新闻记者证。媒体搞有偿新闻甚至新闻欺诈，有为数不少的事情是非法新闻机构和假记者干的，这些年出现的这类案子不少。特别是小煤窑、小矿山多的地方，非法新闻机构和假记者更是泛滥成灾。前两年，一个叫祝万祥的人在北京非法出版《中华新青年》杂志，伙同吴正有、潘春雷等在杭州成立浙江特刊部，自行印制记者证，以期刊记者的身份从事活动并四处收取财物近 200 万元，被丽水市中级人民法院以非法经营罪、诈骗罪、敲诈勒索罪等分别判处 10 年、6 年、1 年有期徒刑，并处罚金 20 万、10 万、1 万元。为了加强对新闻采编队伍的建设和管理，规范新闻采编活动，2005 年 1 月新闻出版总署同时出台了《新闻记者证管理办法》和《报社记者站管理办法》。《新闻记者证管理办法》为了同报刊业改革后的内部用人制度相衔接，办法还规定除报社和新闻性期刊社编制内的采编人员外，正式聘用从事新闻采编工作且连续聘用一年以上的非编制内人员也可以发给记者证，但报刊社解除与所属采编人员的劳动关系，没有及时到发证机关办理记者证注销手续的，要承担由此产生的法律后果。办法同时规定，新闻记者证持有者“不得以新闻报道为名从事有偿新闻、强拉广告或者向采访对象索取不正当利益”。

2005年3月，中宣部、广电总局、新闻出版总署又印发了《关于新闻采编人员从业管理的规定（试行）》，其中明确规定：从事新闻报道活动遇到与报道对象有夫妻、亲属等近姻亲关系，是本人出生或长期工作、生活所在地，与报道对象存在具体的经济、名誉等利益关系等情况时，新闻采编人员要回避，并不得对稿件的采编、刊播进行干预或施加影响。新闻采编人员有虚假报道、有偿新闻等行为，情节严重的，一律吊销记者证。凡被吊销记者证的新闻采编人员，自吊销之日起5年之内不得从事新闻采编工作；因故意犯罪被判处刑罚的，终身不得从事新闻采编工作。新版记者证从2004年1月开始正式核发，到今天为止，全国已有13个记者因违法违规行为被吊销了记者证。记者证被吊销后，当事人的个人资料就被计算机系统自动列入“中国记者网”数据库中的“黑名单”。如前面所讲那几个案件中的当事人，一旦法院对其判处刑罚，他们就将终生不得再从事新闻采编工作。中国13亿人口，持有新闻记者证的报纸期刊、广播电视、通讯社记者总共15.2万多，报社9万多，广播电视将近7万，期刊社将近4000。目前，西藏有23家报社，27家期刊社，新闻采编人员900余人。新闻采编是崇高的、受人敬重的职业，不少年轻人都向往成为一名记者。希望他们不辱使命，时时想到肩负的社会责任和作为新闻采编人员应该遵循的职业操守，以自己的言行，问心无愧地面对党和人民的信任、期望和厚爱。

（2007年7月在新闻采编队伍培训会上的体会）

赴香港、泰国考察新闻出版行业

应香港联合出版（集团）有限公司邀请，国家新闻出版总署外联司组织全国部分西部省区新闻出版局局长代表团一行10人，于2007年11月10日至18日赴香港、泰国进行了为期7天的学习、考察、访问。通过学习和考察，我对香港、泰国出版业的基本情况有了一定了解，访问也取得了非常好的效果。

一、基本情况

代表团成员分别来自全国“扫黄打非”办市场监管局、总署外联司、江西、广西、宁夏、西藏、云南、四川、陕西、贵州等部分西部省区新闻出版管理部门负责人。这次访问的主要任务是与香港、泰国出版界进行交流，加强对境外出版业的了解。访问期间代表团先后考察了香港联合出版（集团）有限公司、中华商务联合印刷（香港）有限公司，并分别与上述两家公司有关负责人进行了座谈。接待方着重介绍了香港新闻出版业的基本情况和该（集团）有限公司的组成构架以及近年来的发展情况。

香港联合出版（集团）公司是1988年9月由三联书店、中华书局、商务印书馆香港管理处经过重组成立的，下属机构已扩展到30家。集团属下的香港三联书店（香港）有限公司是于1948年由中国出版界三家著名书店——生活书店、读书出版社和新知书店在香港合并组成的。书店最初主要从事中国内地版图书的发行业务，发展到今天已成为一家包括出版、零售、服务等多元化经营的新型文化出版机构。香港三联书店迄今已出版图书近3000种，每年均有百种新图书与读者见面。三联一直致力于优化选题和挖掘题材，出版了大量原创性和引进欧美及中国内地版权的优质图书。其中以香港史为中心所出版的一系列香港题材的图书深受海内外学术界的欢迎；从欧美引进的多套文化普及和科学普及读物深受广大读者的好评。

香港联合出版（集团）公司发行业务遍布香港、内地、台湾及国外。除了发行自身出版物外，集团还代理经销中国内地中文图书、报刊，世界各地的中外文图书杂志，并举办和参与各类书展。集团下属有46家零售书店，在中国内地、东南亚等地也有20多家书店和多个较大的图书发行机构，是一个跨地区的文化集团。

印刷业务方面，香港联合出版（集团）公司属下的中华商务联合印刷（香港）有限公司是实力雄厚的印刷企业。它拥有彩色印刷公司及安全印务公司等十多家附属或合资的印刷公司及专业制作公司，为客户提供全面的印刷方案。其印刷质量达到国际一流水平，在香港、内地及国外举办的书籍印质评比活动中，连年荣获多项殊荣。

21世纪是知识爆炸的时代。香港联合出版（集团）公司正全面介入电子出版及电子商务，致力于打造一个新型的文化传媒企业。

代表团一行在泰国曼谷市沙吞路南美有限公司非常荣幸地参加了诗琳通公主殿下主持的《诗琳通公主天路行》画册首发仪式暨诗琳通公主摄影展开幕式。该画册在中泰两国建交32周年之际推出，具有特殊的纪念意义，是两国友好交流和合作的见证。画册图文并茂地展现了泰国诗琳通公主殿下2007年4月来华访问的沿途经历，西藏的历史文化、风俗人文、自然风光、青藏铁路等也生动地融入诗琳通公主的行程中，从中可以看出诗琳通公主为中泰两国友谊作出的杰出贡献。作为一名来自青藏高原的藏族干部，在泰国能参加泰国人出版发行的关于西藏内容的《画册》首发仪式，感到格外的高兴和亲切。特别是在仪式开始之前听到两位女歌手所唱的美丽而动听的《青藏高原》《天路》这两首家乡的歌曲时，我为家乡的发展、变化而感到高兴和自豪。

二、主要体会

通过访问考察，我开阔了眼界，增长了见识。确实感觉到此行很有必要，收获很大。

一是加深了对香港地区社会状况和泰国国情的了解，深深感到邓小平同志的“一国两制”方针和党中央对香港地区所采取的政策是十分英明正确的。我们看到香港政治稳定，社会秩序良好，香港人民对生活充满了信心。

二是加深了对香港地区出版业的法律体系、政治结构、管理框架的了解，这对于我们这些从事宏观管理工作的公务员提高依法行政水平很有必要。香港十分重视依法行政，任何行政行为必须符合法律规定，行政管理只能依据法律的授权进行，特别是所有涉及公民权利的重大决定。同时，还建立了一整套较完善的监督行政体系，以及防止公务人员以权谋私的有关制度。所有这些给我们代表团的每个人都留下了深刻的印象，对内地加强依法行政的重要性有了进一步的认识，提高了认真履行公务员职责，推进转变职能、转变工作方式和工作作风，提高工作效率的自觉性。

三是加深了对香港、泰国出版业的了解，对内地新闻出版实施深化改革，扩大开放，充分利用国内国外两个市场、两种资源政策有了新的认识。我国已加入世界贸易组织，由于境外资本、管理、人才的进入，新闻出版业将在更深的层次、更广的范围参与国际竞争。香港、泰国的出版业特别是一些中资机构的发展经历，对于我们应对加入 WTO 带来的挑战具有借鉴意义。

三、几点建议

通过对香港地区和泰国的考察和了解，我认为有些方面的情况需要加以研究。一是应加强对香港地区出版业的专项研究，特别是对香港联合出版（集团）有限公司发展经历的研究。二是应进一步加强对香港地区出版业资金如何进入内地西部老少边穷地区的研究。

（2007 年 11 月）

走出一条中国特色、西藏特点的新闻出版发展新路

党的十七大强调，要更加自觉、更加主动地推动社会主义文化大发展大繁荣，兴起社会主义文化建设新高潮，提高国家文化软实力，使人民基本文化权益得到保障，使社会文化生活更加丰富多彩，使人民精神风貌更加昂扬向上。这充分反映了我们党对当今国际国内发展大势和我国文化建设地位的准确把握，也对文化建设工作提出了新的更高要求。新闻出版是社会主义文化的重要组成部分，肩负着坚守意识形态阵地、传播科学理论、传承优秀文化、引领时代思想潮流、增强文化软实力的重要历史使命。我们一定要带头学习好、宣传好、贯彻好、落实好党的十七大精神，深入贯彻落实科学发展观，不断提高对新闻出版工作战略地位和重要作用的认识，高举旗帜、围绕大局、服务人民、改革创新，更加自觉、更加主动地推动新闻出版业的大发展大繁荣，走出一条中国特色、西藏特点的新闻出版发展的新路。

一、西藏新闻出版事业呈现良好的发展态势

党的十六大以来，在西藏自治区党委、政府的正确领导下，西藏新闻出版事业得到了长足发展，整体实力和综合竞争能力得到很大的增强，现已基本形成了图书、报刊、音像制品和电子出版物出版门类齐全，编辑、印刷、发行等产业协调发展的体系。2007 年，西藏新闻出版业总产值为 3.8 亿元，占全区 GDP 的 1.2%，连续 6 年保持了 12% 以上的发展速度。

（一）图书出版取得显著成绩

在图书出版工作中，认真执行“立足西藏、面向全国、走向世界”的出版方针，坚持“以藏文为主、以普及通俗读物为主”的原则，有效利用西藏丰富的出版资源，提高图书出版的质量，让广大农牧区群众成为图书出版的“第一受益人”，先后组织策划出版了一批“双效”图书，不断满足人民群众日益增长的精神文化需求，为西藏发展和稳定作出了积极的贡献。全区有两家图书出版社，每年平均出版图书 300 多种，其中藏文图书占 80% 左右，同时承担全区每年 400 余种中小学教材的出版任务，确保了“课前到书、人手一册”的要求。2007 年出版的《西藏百科全书》等荣获首届中国出版政府图书提名奖，本版图书销售码洋首次突破 1000 万元。

（二）报刊出版业健康有序发展

在全国报刊大量压缩的前提下，我区报刊业整体质量上升，品种不断丰富，已初步形成了独具西藏特点、民族特色的西藏报刊品牌。目前，全区报纸从 2002 年的 18 种增加到现在

的23种，其中藏文报纸10种，实现了西藏七地市都有报纸的目标。2007年报纸出版5550万份，产量6.85万千印张，连续5年保持两位数以上的增长速度；2007年全区34种期刊，其中藏文期刊14种，2007年出版268万册，产量4.3万千印张，连续保持13.3%的增长速度。

（三）音像电子出版业发展迅速

西藏音像电子出版业连续5年保持13%以上的发展速度，2007年销售各类音像制品、电子出版物10万多盘。2007年优秀音像电子出版物《天上拉萨》荣获首届中国出版政府音像电子出版物提名奖，《今日西藏》《青藏铁路大世纪》《高高的西藏》等一系列题材多样、内容丰富的CD、VCD、DVD、CDR等优秀音像电子出版物，深受广大人民群众的欢迎，同时对国内外宣传西藏新发展、新变化、新生活起到了积极的作用。

（四）发行业实现了两个效益较好的结合

目前，全区有各类新华书店和发行网点270多家，其中自治区、地（市）新华书店及连锁店18家，县级新华书店35家。非国有书店60家，书报刊发行点145家。“十五”以来国家先后投资1500多万元新建了自治区出版物物流配送中心，投资1008万元新建和改扩建了35家县新华书店。2007图书销售首次突破9500万码洋。

（五）印刷复制业经济效益明显提高

2007年投资3300多万元引进了具有国际先进水平的生产技术设备，进行了大规模的技术改造，实现了印前数字化、印中高效化、印后自动化的要求。目前全区印刷、包装、复制企业有378家，2007年产量比2002年增长30%，工业总产值由5年前的9500万元上升到2.3亿元，印刷复制业上缴利税首次突破1000万元。

（六）坚持不懈地开展“扫黄打非”斗争

“扫黄打非”事关党和政府工作大局，事关民族精神和民族文化的发扬光大，事关西藏经济社会文化建设有序发展，事关青少年健康成长。2007年主要抓了以下几个方面的工作：一是坚决封堵查缴危害国家安全和祖国统一、破坏社会政治稳定和民族团结的政治性非法出版物。达赖集团反动出版物、宗教类非法出版物和“法轮功”邪教组织出版物为重中之重。二是通过对市场的反复检查清理，坚决扫除污染社会环境的淫秽色情出版物及有害信息网站、网吧、声讯台和手机短信等，努力营造有利于青少年健康成长的环境。三是坚决查处损害国家和民族利益的盗版盗印、侵害知识产权案件，不断优化我区经济文化发展环境，树立良好的政府形象。

（七）版权管理工作得到加强

随着西藏文化事业特别是新闻出版事业的不断繁荣发展，知识产权保护问题日益突出，版权管理工作显得越来越重要。近年来，全面履行宏观调控、依法行政、公共服务和市场监管等职责。一是抓从管理“脚下”转向服务“天下”，积极推进政事分开、政企分开、管办分离的政府职能转变。二是在宏观调控、优化结构方面，基本形成了从静态调整结构转向动态调整结构的新思路，实现图书出版、发行、印刷复制等单位优胜劣汰，建立和实施退出机制，科学指导出版事业和产业的发展。三是在抓管理制度方面，坚持以法人准入、市场准入、职业准入、岗位准入为基础的行业管理体系，建立公开、公平、公正、规范“四大准入”出版制度，对实现市场监管、行业规范、事业繁荣、产业发展起到了积极的作用。

（八）大力实施优秀出版物“走出去”战略

“走出去”是我区新闻出版业自身发展的需要，也是加强正面宣传西藏、深入揭批达赖集团反动罪行、抵制西方敌对势力影响的需要。一是根据中央和自治区领导指示，着手制定反映西藏优秀传统文化和当代社会经济发展的藏、汉、英文图书，积极推动“西藏图书对外推广战略”的实施。二是鼓励和扶持西藏出版物在国外设立连锁店，不断推动我区新闻出版领域的“走出去”战略。三是认真开展重点国家和地区书展，先后在美国、英国、印度、尼泊尔等达赖集团活动比较频繁的国家和地区开展出版物展览展销活动。以正面宣传为主，让世界了解西藏在中国共产党的领导下，走中国特色社会主义道路，实行民族区域自治制度所取得的翻天覆地的变化，用事实驳斥达赖集团在国际上散布的种种谬论，坚决抵御达赖集团的思想文化渗透，揭穿达赖集团的反动本质，让世界了解真实的西藏、发展的西藏、变化的西藏。

（九）进一步加强全系统党的建设和队伍建设

1. 全面加强新闻出版系统各级党组织的思想政治建设、组织建设和作风建设，坚持一手抓新闻出版工作，一手抓党风廉正建设工作，把推进西藏新闻出版改革发展与反腐倡廉工作同步部署，同步检查，切实加强领导，扎实有效地推进党风廉政建设。

2. 牢固树立政治意识、大局意识和责任意识，认真履行工作职责，加大宣传教育力度，强化监管制度，下大力气整治行业不正之风，认真抓好出版发行领域商业贿赂专项检查工作，树立我区新闻出版行业良好形象。

3. 树立阵地意识，在地（市）一级尽快建立新闻出版、版权保护、“扫黄打非”管理工作机构，明确职责，按照“属地管理”和“谁管理、谁负责”的要求，真正做到守住阵地，管好本地的市场，保证产品的导向，管好自己的队伍。

4. 按照政治上靠得住、工作上有本事、作风上过得硬的要求，努力建设一支政治强、业务精、作风正、纪律严的高素质新闻出版人才队伍，组织实施“四个一批”人才工程，进一步抓好干部培训工作，尤其是抓好树立科学发展观和加强能力建设的教育。

二、深入开展反分裂斗争的宣传教育活动，多出优秀出版物

当前反分裂斗争进入新的尖锐复杂时期，新闻出版战线的首要任务是维护祖国统一。由于特殊的政治历史原因，西藏是与达赖集团和支持他们的西方敌对势力斗争的前沿。以美国为首的西方敌对势力利用所谓“西藏问题”西化、分化中国的战略图谋始终没有改变，达赖集团图谋“西藏独立”、分裂祖国的反动本质始终没有改变，他们不断调整策略和手法，变本加厉地进行各种分裂破坏活动。2008 年 3 月 14 日，在拉萨市区发生的打砸抢烧事件是达赖集团“有组织、有预谋、精心策划煽动”，境内外“藏独”分裂势力相互勾结制造的。达赖集团和西方敌对势力不愿看到中国的强大，也不愿看到西藏在中国共产党的正确领导下走有中国特色社会主义道路，更不愿看到

西藏经济社会发展，西藏各族人民过上平等自由、幸福美满的新生活。他们的企图就是在西藏推翻中国共产党的领导，颠覆社会主义制度，否定民族区域自治制度，恢复封建农奴制度，进而破坏西藏的稳定，分裂祖国。严峻的斗争现实要求我们新闻出版战线必须坚持首要政治任务，确保西藏稳定，确保西藏文化安全。

（一）新闻出版系统要切实增强忧患意识

忧国家安全和社会稳定、忧人民利益和民族前途，患消极因素之影响、患达赖集团之疯狂，时刻保持清醒头脑，时刻绷紧政治这根弦，时刻准备迎接新的战斗，始终保持旺盛的战斗力，以扎实的工作积极推进反分裂斗争。新闻出版系统在维护稳定工作中由积极处置到主动治理转变，由治标到标本兼治，重在治本转变，由社会基本稳定到长治久安转变，毫不动摇，坚持不懈地把反分裂斗争进行到底，直至取得最后胜利。

（二）以正面宣传西藏和深入揭批达赖集团为主要任务

坚持“以我为主，以正面宣传为主，以事实为依据”的原则，以正面宣传西藏和深入揭批达赖集团为主要任务，出版工作者协会要认真组织全区新闻出版界的专家学者声讨达赖集团搞分裂破坏活动的罪恶行径，进一步认清达赖集团的真实面目，认清不法分子进行打砸抢烧破坏活动的性质，坚决拥护自治区党委、政府的决策部署，坚决与达赖集团及分裂分子斗争到底，坚决维护安定团结的社会局面。

（三）迅速编写《拉萨“3·14”事件真相实录》的系列图书和达赖集团精心策划的打砸抢烧杀暴力事件的系列音像制品

出版物出版部门认真组织力量收集整理资料和各种图片，用铁的事实有力回击达赖集团。让西藏各族人民群众了解事实真相，揭露和批判敌对势力的罪恶行径，揭穿达赖集团分裂祖国、破坏北京奥运会的政治图谋，把达赖集团的丑恶嘴脸暴露在光天化日之下，以正视听，教育人民；用历史和现实雄辩证明，西藏各族人民只有在中国共产党的领导下，在社会主义祖国大家庭中，才有幸福的今天和更加美好的明天。

（四）要牢牢把握正确的舆论导向

各报刊社一定要牢牢把握正确的舆论导向，以事实为依据，及时发布信息，开辟专版、专刊、专栏，发表一系列理论文章，刊登我区各族各界和人民群众强烈谴责达赖集团精心策划、不法分子打砸抢烧杀的罪恶行径的文章，引导教育广大人民群众积极响应党和政府的号召，提高警惕，明辨是非，旗帜鲜明，同仇敌忾，共同打击敌人。客观公正地介绍我区经济发展、民族团结、各项社会事业全面发展、人民生活水平不断提高的新气象、新成绩，为西藏的发展稳定营造良好的舆论环境。

（五）不断繁荣和发展新闻出版事业

精心组织策划出版一批图书、报刊、音像电子制品等优秀出版物，不断繁荣和发展新闻出版事业。坚持社会效益第一、社会效益与经济效益相统一，推出一批思想性、艺术性、趣味性俱佳的精神文化产品。进一步加大对优秀革命历史题材、优秀民族文化题材和现实题材精神文化产品创作的扶持力度。

（六）营造良好的社会氛围

组织出版反映社会主义新西藏、新发展、新变化、新生活的形势政策教育题材的出版物，进一步营造共产党好、社会主义好、民族区域自治制度好、改革开放好的浓厚氛围，引导干部群众珍惜大好形势，珍惜历史经验，珍惜宝贵机遇。

（七）充分发挥新闻出版优势，增强反分裂斗争的针对性

在已出版的9000余种各类藏、汉文图书中，精心挑选《西藏是中国不可分割的一部分》《西藏地方与中央政府关系史》《透视达赖》《和平解放西藏》《话说“西藏独立”的由来》等优秀出版物进行再版。新闻出版局再次安排出版上述图书的再版，是贯彻党和国家关于出版工作要围绕大局、服务人民，坚持“三贴近”的一个实际行动。在达赖集团策划下，少数不法分子在拉萨打砸抢烧，给拉萨人民群众生命财产造成重大损失，激起人民极大的愤慨。而某些西方媒体却借机炮制了许多违背基本事实的歪曲报道，诋毁和攻击中国，更激发了西藏广大人民群众的强烈不满和愤慨。在这种形势下，在事关国家利益、国家形象的大是大非面前，作为出版工作者不能沉默，我们要做出反应，表明自己的态度，用我们的工作帮助不明真相的人们认清事情的本来面目，认清达赖政治上的反动性、宗教上的虚伪性和手法上的欺骗性，驳斥别有用心的西方媒体的不实报道。这既是现实的需要，也是我们围绕大局、服务人民的职责。

三、认真学习领会十七大精神，努力开创新闻出版工作新局面

随着国际国内形势的深刻变化以及新兴媒体的广泛兴起，

社会价值观念日益多样，社会舆情的形势和发展更加复杂，一般的思想认识问题与政治原则问题交织在一起，内部的学术研究与通过互联网的社会传播交织在一起，网上舆论与现实问题交织在一起，境内舆情与境外舆情交织在一起。传统的出版、制作、发行、传播的概念和方式都发生了深刻的变化。对此，我们一定要冷静观察、科学分析、正确判断、沉着应对，明确工作方针，采取有效措施，努力改进创新，不断提高新闻出版行政管理工作水平，并从以下五方面抓好工作：

（一）正确认识和把握社会舆情

在观察和分析社会舆情、网上舆情和各种思想动向时，要分清哪些是个别的思想观念，哪些是广泛的社会思潮；哪些是一般的思想认识问题，哪些是立场和原则问题；哪些是正常的民生需求，哪些是别有用心者制造混乱。面对复杂的社会舆情，既不能草木皆兵、反应过度，也不能视而不见、放任自流，要时刻保持清醒头脑，正确区分不同性质的问题，慎重处理，牢牢掌握工作的主动权。

（二）加强县级新华书店和基层发行网点建设

按照自治区党委、政府关于加强宣传思想、文化工作的指示精神，进一步加强我区县级新华书店和基层发行网点的建设。在“十一五”期间努力完成35个县级新华书店的建立，全面实现西藏县县有新华书店的目标。积极抓好主要边境口岸、青藏铁路沿线和站点、主要兵站以及贡嘎、昌都、林芝机场的出版物发行网点建设。

（三）加大“农家书屋”工程建设，努力构造新闻出版公共文化服务体系

2008年建立680个“农家书屋”，到2010年完成2000个“农家书屋”建设任务，覆盖全区1/3以上的行政村，真正解决农牧民群众看书难问题。

（四）改进管理方式，丰富管理手段

党对意识形态领域的管理与政府管理、行业管理、社会管理的联系日益紧密，而人们思想活动的独立性、选择性、多变性和差异性不断增强，管理的复杂性和敏感性大大增加，因此，我们要积极稳妥地处理问题。一是要加强立法，加强行政法规建设，加大执法力度，把意识形态领域的问题纳入依法行政管理的轨道。二是要建立和完善出版领域的准入机制，对企业法人准入、产品准入、职业准入、市场准入、岗位准入都要制定完善的管理办法，构建行业管理体系。三是要以改革的精神提高行政管理水平。遇到复杂问题要冷静观察、科学分析、正确判断、沉着应对，分清性质，区别处理，防止炒作，化解矛盾，这是对提高管理水平的总体要求。四是要加大行政管理力度，坚决依法查处出版违规现象，规范市场秩序。首先，对带有倾向性的苗头，要早发现，早打招呼，制定预案，主动防范。要加强对新闻出版活动的监管，坚决查处违规出版活动和违禁出版物，采取更加有效的措施，查处买卖书号、刊号和版号的行为。其次，在全区范围内继续开展有声势、有力度的出版物质量检查活动，通过建立健全各类出版物质量管理体系来提升新闻出版业的整体水平。再次，加强法制建设，认真推进行政执法责任制，不断完善新闻出版行政执法体系。

（五）要把“谁主管、谁负责”和属地化管理的原则落到实处

新闻出版行政管理部门是执法的主体，要始终站在管理的第一线，履行行政监管的职责。报纸、刊物、音像、图书等各类出版机构以及各类社会民间团体要明确主管主办单位，这些单位都要切实负起责任，制定具体措施，实施有效管理。

（原载《西藏日报》，2008 年 4 月 19 日综合版；《西藏发展论坛》，2008 年第 4 期）

历史的足迹——见证西藏新闻出版事业发展壮大

半个多世纪的风雨沧桑，艰辛伴随着坎坷，写满书报刊的字里行间；半个多世纪的风雪洗礼，光荣与梦想，鼓起雪域高原新闻出版人拼搏的风帆。西藏新闻出版界的各族儿女，不懈的追求和不倦的努力，留下了开拓跋涉的足迹。这一本本图书、一张张报纸、一册册期刊、一盘盘音像制品，如果铺成道路，该有多远？如果摞成山峰，该有多高？在斗转星移的岁月中，既有收获与欢乐，也有甜蜜与苦涩，我们可以自豪地说："新闻出版是人类进步阶梯的铺设者，这里有人类精神财富的最高点"。

一、新闻出版工作基本情况

西藏新闻出版事业的发展，是从西藏和平解放不久开始的。1952 年，中国人民解放军在西藏再版了《新闻简讯》。同年2月，新华书店西南总分店抽调7名同志组成了随军书店，随同十八军一同进藏，并于1953年3月建立了西藏第一家新华书店——昌都新华书店，此后分别在拉萨、扎木、日喀则等地建立了图书供应站。《西藏日报》的前身《新闻简讯》是由中国人民解放军进藏部队1951年创办的《新华电讯》和《草原新闻》两报合二为一的，创办时为月刊，油印大32开的小报。1953年下半年改为半月刊，四开小报。1956年4月22日，毛泽东主席亲自为《西藏日报》题写报头，西藏才有了真正意义上的报纸。同年4月，在原西藏军区印刷厂基础上创建的《西藏日报》印刷厂，揭开了西藏印刷书报刊的新篇章。从此，拉开了西藏新闻出版事业跌宕纵横的序幕。

新闻出版工作的主要职能是贯彻执行党和国家有关新闻、出版、著作权方面的法律、法规和方针、政策，起草和制定全区新闻出版、著作权的地方性法规和管理办法，制定全区新闻出版业发展规划和产业政策，承接境外一般出版物印制和图书二级批发单位的审批管理。审核申报全区图书、报纸、期刊、音像制品、电子出版物、互联网出版物机构和总发行单位，著作权集体管理和涉外代理机构，核准申报新闻出版中外合资企业和中外合作企业的设立。负责全区记者证的统一发放和管理。对全区新闻出版活动实施监管，查处违禁出版物和非法出版活动以及出版、印刷、复制、发行单位的违法违规活动。会同有关部门组织实施"扫黄打非"工作。组织全区图书和中小学教材的出版、印制、发行工作。负责著作权、版权涉外管理和古籍整理出版的规划工作。负责全区新闻出版、版权管理和"扫黄打非"队伍建设、交流与合作，查处著作权侵权案件，仲裁版权纠纷等工作。承办自治区人民政府交办的其他事项。

二、新闻出版工作发展现状

西藏新闻出版业从无到有，从小到大，逐步发展，基本形成新闻出版管理、著作权管理、“扫黄打非”工作以及法律法规建设相互配套、协调发展的比较完整的新闻出版体系。党的十六大以来，在区党委、政府的正确领导下，通过全区新闻出版工作者的共同努力，新闻出版工作在改革中健康发展，在创新中稳步前进，整体上进入了坚持以人为本、科学发展的新阶段。2008 年我区新闻出版业总产值已达到 4.3 亿元，占全区生产总值的 1.2%，继续保持了 12% 以上的发展速度，各类从业人员已达 8400 多人。

（一）图书出版业发展态势良好

全区有两家图书出版社：西藏人民出版社，成立于 1971 年 12 月，是西藏唯一的一家综合性出版单位；西藏藏文古籍出版社，成立于 1989 年 3 月，主要搜集、整理、出版藏文古籍图书。在图书出版工作中，认真贯彻“立足西藏、面向全国、走向世界”的方针，坚持“以藏文为主、以普及通俗读物为主”的原则，紧紧围绕特色旅游、藏医药业、民族手工业、高原生物、生态环保、民族文化保护与发展等重点主题，出版了一批介绍西藏优秀传统文化和经济社会发展的图书，取得了良好的社会效益和经济效益。2008 年，出版各类藏汉文图书 356 种、230 万多册，同比增长 63%，本版图书销售码洋 1043 万元，完成中小学教材 506 种、1200 多万册，确保了课前到书、人手一册。现已累计出版各类藏汉文图书 11300 种、2.5 亿多册，图书产量每年保持 20% 以上的增长速度。《西藏百科全书》《透视达赖》《西藏历史文化辞典》《在藏三十年》《进藏英雄先遣连》《麝香之爱》等200多种图书荣获“五个一工程奖”、“国家图书奖”、“中国出版政府图书奖”和新闻出版总署第二届“三个一百”原创图书出版工程奖等各种奖项。

（二）报纸期刊业快速发展

目前全区共有报纸13家，品种23种，其中藏文报纸10种、汉文13种。现基本上实现了七地市都有藏汉文两种报纸的目标。全区有期刊27家，品种34种，其中藏文期刊14种、汉文20种。有中央驻藏记者站25家，有100多种内部资料性出版物。我区的许多报刊都是免费赠送给基层老百姓阅读，让他们不出家门就能听到党的声音，了解到党的各项方针政策和新闻事实。

西藏报刊业整体质量上升，品种不断丰富，形成了一批独具西藏特色、民族特色的报刊品牌。2008年全区报纸从2002年的18种增加到现在的23种，增长了28%。23种报纸出版5300万份，产量9.6万千印张，继续保持两位数以上的增长速度；34种期刊出版268万册，完成产量4.9万千印张，同比增长13.9%。基本形成了门类齐全、布局合理、比例协调的报刊出版网络。

这些藏汉文报刊已成为藏民族传播信息、推进社会文明和进步的大众媒介。在不断满足西藏各族人民群众日益增长的精神文化需求方面，在不断丰富藏族群众的文化生活方面，特别是在反对分裂、维护祖国统一、加强民族团结方面和宣传西藏、介绍西藏、发展西藏方面作出了积极的贡献。

（三）音像制品深受各界读者的喜爱和欢迎

目前全区有两家音像电子出版复制单位，即西藏音像出版社和西藏国际文化影视公司，分别成立于1985年和1993年，出版发行了一大批具有藏族文化特色的优秀音像电子出版物。2008年，音像电子出版业全年完成68种出版计划，同比增长62.9%，销售9万盘，同比增长11.2%。精心出版了《在世界之巅》等一系列优秀音像电子出版物，深受人民群众的欢迎。精心出版了《今日西藏》《大美西藏》《世界之巅》（DVD），并荣获中国出版工作者协会第二届中华优秀出版物音像提名奖，十多种一系列优秀音像电子出版物荣获全国第二届、第三届国产音像制品提名奖、特别奖、双向奖和优秀奖。《朗萨雯波》荣获“五个一工程奖”和“飞天奖”，《天上拉萨》荣获首届“中国出版政府奖”、“音像电子网络奖”。一盒盒优美的磁带、一幅幅精彩的画面，把西藏和世界交融在一起，西藏不再是封闭隔绝的孤岛，而是以更加崭新的姿态展现在世人面前。

（四）印刷复制业蓬勃发展

西藏印刷业经过几十年的艰苦奋斗，实现了由铅印、胶印到今天的激光照排、电子分色、多色胶印的历史性跨越。全区印刷、包装、复制企业378家，其中国家级书刊印刷定点企业2家，省级书刊印刷定点企业4家，其他书刊印刷企业37家和印刷复制企业335家，一支以藏族为主体、文化素质较高的印刷技术人才队伍已初步形成。2007年，投资3300多万元引进了具有国际先进水平的各类生产设备，进行了大规模的技术改造，重点印刷企业基本实现了“印前数字化、印中高效化、印后自动化”的目标。2008年，印刷产量35万令纸，同比增长12.9%，工业总产值达到2.6亿元，同比增长13%。

（五）发行业初步实现了跨越式发展

西藏出版物发行业积极争取1800万元资金新建了自治区出版物物流配送中心，先后投资1008万元新建或改扩建了35个县级新华书店，积极发展集体、民营书店，形成了以国有新华书店为主渠道，集体、民营书店为补充的多种经济成分共同发展的图书发行网络。全区国有、集体、民营发行单位272家，其中自治区、地（市）新华书店及连锁店32家，县级新华书店35家，非国有书店60家，书报刊发行点145家。2008年发行图书22.5万种，同比增长12.5%，发行5000多万册，同比增长25%，首次实现图书销售突破1亿元的目标。继续实行中小学教材招投标发行方式，印刷发行成本大幅减少，降价幅度达到12%以上，使国家节省、学生受益高达430多万元。

（六）深入开展“扫黄打非”斗争

西藏“扫黄打非”工作按照中央和自治区的总体部署和要求，坚持打防并举、标本兼治、综合治理的方针，认真开展封堵查缴传播政治谣言、制造思想混乱、误导群众情绪、破坏社会稳定的政治性非法出版物；全面清理和查缴反动出版物及宣传品；坚持查缴恶毒攻击党和国家领导人、诬蔑社会主义制度、“法轮功”等邪教组织的反动出版物；大力清除封建迷信思想、淫秽色情等各类出版物；认真查缴宣扬凶杀暴力、恐怖灵异类等毒害青少年身心健康的有害出版物；依法打击盗版盗印非法出版活动和侵权盗版行为以及网上的有害信息。2008年，出动执法人员4500多人次，检查点位6500个次，共收缴各类非法出版物22万多件，取缔关闭店档摊点29家，删除网上有害信息1.8万条，查办行政处罚案件53起，查办政治性非法出版物和达赖集团反动出版物及宣传品案件20起。

（七）版权工作成绩突出

随着西藏文化事业特别是新闻出版事业的不断繁荣发展，知识产权保护日益突出，版权管理工作越来越重要。大力开展宣传教育工作，仅2008年先后出动宣传人员700多人次，发放宣传材料十多万份，为提高全社会的版权法律和保护意识，推动版权事业的发展打下了坚实的基础。积极开展打击制假售假和保护知识产权专项行动，加强对印刷复制企业的整顿，依法取缔5家非法出版物印刷场所，收缴各类侵权、盗版出版物48000余件，盗版计算机软件67000余件，有效地维护了市场经济秩序和版权所有者的合法权益。先后查缴盗版盗印图书、音像制品、计算机软件等30万多件。

（八）强化监管，成效显著

按照自治区党委、政府赋予的职责，进一步对新闻出版工作实施宏观调控、依法行政、公共服务和市场监管等职能。在宏观调控方面，研究制定了《西藏新闻出版业“十一五”发展规划》，加强了总体规划，用科学指导事业繁荣和产业发展，基本形成了从静态调整结构转向动态调整结构的新思路。在职能管理方面，积极推进政事分开、政企分开、管办分离的职能转变，实现了由管直属单位向管社会、由管理“脚下”向服务“天下”转变，基本摆脱了行政管理部门“既当运动员，又当裁判员”的局面。在管理制度方面，坚持以法人准入、市场准入、职业准入、岗位准入为基础的行业管理体系的构建工作，建立公开、公正、平等、规范“四大准入”出版制度，对实现市场监管、行业规范和事业繁荣、产业发展起到了积极作用。

在管理手段方面，正在探索综合运用法律、行政、经济、市场、技术等多种手段，向管理要效益、效率，并针对不同情况选择不同手段，解决不同问题，不断完善新闻出版业的管理手段。加大出版物审读力度，进一步完善重大选题备案管理，每年审读图书、报刊、音像等各类出版物500多种，确保了我区新闻出版的正确导向，查处了一批违法违规行为，出版物的导向、内容、质量等管理取得了实效，治理了报刊散滥摊派问题，整治了虚假违法广告，纠正了报刊记者站的违规行为。

（九）加大了队伍建设力度

我们始终高度重视人才队伍建设，努力培养德才兼备的优秀人才，主要抓了六个方面的工作：一是认真贯彻中宣部、新闻出版总署《关于在新闻出版行业开展岗位培训实施持证上岗制度的规定》，对全区出版社、报刊社社长、总编辑以及书店经理、印刷厂厂长等8个主要岗位进行规范和培训，全区新闻出版系统岗位培训3500多人次。二是对新闻出版行政管理干部、经营管理干部、专业技术干部三支队伍分类培训，做到了重点岗位重点培训、优秀人才优先培训、紧缺人才加速培训。三是充分利用区内外两种培训渠道，采取“送出去”、“请进来”的方式，选拔优秀人才到新闻出版总署和区外发达省市锻炼，增长了见识，开阔了视野。四是全面实施“人才强业”战略，认真组织“四个一批”人才培养工程，涌现了一大批名记者、名编辑和享受政府特殊津贴的领军人才。五是积极创造条件，组织和引导干部参加自学、函授教育和出国深造等有效措施，并取得显著成果，先后选派优秀人才到国内外名牌大学和科研院所深造。六是认真开展出版编辑系列高级评审委员会评审工作，近年来先后评选出80多名副高级以上专业技术人员，极大地调动了优秀人才的积极性。

（十）援藏工作硕果累累

根据中央第三次、第四次西藏工作座谈会精神，新闻出版总署组织动员全国新闻出版系统积极开展援藏工作，给予了资金、项目、人才、物资等方面的无私援助。一是2005年9月，在拉萨召开了全国新闻出版系统援藏工作会议，审议通过了《援藏工作方案》和《“雪域东风工程”的设想》。《援藏工作方案》包括总署援助600万项目资金，合作出版优秀民族文化和社会经济发展系列丛书等10项具体援建项目。“雪域东风工程”正在抓紧编报工作，争取国家早日立项。二是先后向西藏图书馆和边防部队捐赠图书220多万册，码洋达1300多万元，为乡村文化馆（站）免费赠送图书5000多种、十余万册，价值达300多万元，为基层新华书店赠送图书6960多种、18多万册，价值400多万码洋，图书援藏力度远远超过援藏方案计划的3倍多，极大地丰富了各地区新华书店出版物品种数量。三是加强图书合作出版，先后与内地14家出版单位合作出版了《西藏百科全书》《西藏科学技术史》等21种图书，大幅度提升了藏文版图书的品位和质量，取得了良好的社会效益和经济效益。四是加大人才援藏力度，2006年6月，由总署援助资金，选派优秀专家教师，在拉萨成功举办全区各出版社正副社长、正副总编辑、编辑室主任，各报社正副社长、正副总编辑，各期刊社正副主编，各印刷复制单位的主要负责人和全区县级以上新华书店经理等共230多人的岗位培训班。2006年8月，举办了全区“扫黄打非”领导干部和业务骨干共65人的培训班，两期培训班由总署领导亲自授课，收到良好的效果。总署还先后选派了4名优秀干部援藏，并安排了局机关4名干部到总署机关挂职学习。五是由四川、河北、山东、上海、北京等20多个省市对我区各类新华书店和印刷厂落实援藏资金1097万元，由福建省新闻出版局系统投资160万元援建《林芝报》印刷厂，由广东省新闻出版局系统投资150万元新建《林芝报》办公楼，已投入使用。由《羊城晚报》援助《林芝报》价值12万元的报纸编辑设备、北京日报报业集团援助《拉萨晚报》25万元的印刷设备都已全部落实到位。

西藏自治区新闻出版局系统1978年～2007年
生产总值情况表

单位：万元

小计/年份	西藏人民出版社	西藏新华印刷厂	区书店	备注
第一个10年				
1978	294.00	102.00	155.00	37.00
1979	387.00	111.00	175.00	101.00
1980	446.00	136.00	195.00	115.00
1981	432.00	114.00	192.00	126.00
1982	375.50	92.00	185.00	98.50
1983	432.00	135.00	173.00	124.00
1984	392.00	131.00	139.00	122.00
1985	564.00	144.00	279.00	141.00
1986	487.00	115.00	217.00	155.00
1987	790.00	185.00	451.00	154.00
小计	4599.50	1265.00	2161.00	1173.50

续表 1

小计 年份	西藏人民出版社	西藏新华印刷厂	区书店	备注
第二个 10 年				
1988	761.00	146.00	435.00	180.00
1989	910.00	188.00	485.00	237.00
1990	969.00	171.00	534.00	264.00
1991	1244.00	299.00	687.00	258.00
1992	1342.00	291.00	775.00	276.00
1993	2303.00	1262.00	873.00	168.00
1994	2742.00	1026.00	996.00	720.00
1995	3596.00	1153.00	1406.00	1037.00
1996	4118.00	1265.00	1759.00	1094.00
1997	5775.00	1522.00	1843.00	2410.00
小计	23760.00	7323.00	9793.00	6644.00
第三个 10 年				
1998	4950.00	1126.00	1579.00	2245.00
1999	4893.00	1080.00	1336.00	2477.00
2000	4906.00	1174.00	1515.00	2217.00
2001	9302.00	5044.00	1551.00	2707.00
2002	9325.00	4033.00	2051.00	3241.00
2003	11056.00	4491.00	2308.00	4257.00
2004	10179.00	4384.00	2093.00	3702.00
2005	11872.00	5088.00	2039.00	4745.00

续表2

小计 年份	西藏人民出版社	西藏新华印刷厂	区书店	备注
2006	11882. 00	4298. 00	2326. 00	5258. 00
2007	15766. 00	6718. 00	2195. 00	6853. 00
小计	94131. 00	37436. 00	18993. 00	37702. 00
合计	122490. 50	46024. 00	30947. 00	45519. 50

注：1978年到1987年改革开放第一个10年的自治区新闻出版局系统（西藏人民出版社、西藏新华印刷厂、自治区新华书店三家）产值为4599. 5万元；1988年到1997年第二个10年局系统产值为23760万元，较第一个10年的产值增加19160. 5万元，增长416. 58%，翻了4倍多；1998年到2007年第三个10年自治区新闻出版局系统产值为94131万元，较第一个10年增加89531. 5万元，增长1947%，翻了近20倍；2008年自治区新闻出版局系统实现产值15766万元，较1978年增加15472万元，增长5263%，翻了近53倍（其中西藏人民出版社实现产值6718万元，比1978年增加6616万元，增长6486%，翻了近65倍；西藏新华印刷厂实现产值2195万元，比1978年增加2040万元，增长1216%，翻了12倍；区新华书店实现产值6853万元，比1978年增加6816万元，增长18421%，增加了近184倍)。

我区新闻出版工作取得的这些成绩，是自治区党委、政府高度重视的结果，也是新闻出版总署指导和区党委宣传部直接领导的结果。仅2008年，张庆黎书记、列确副书记、向巴平措主席、崔玉英常委、多托副主席等领导就我区新闻出版、版权保护、“扫黄打非”工作作出的重要批示就达20多件，这是对我们的极大鼓舞和鞭策。我们深知新闻出版工作离自治区党委、政府的要求还有很大差距，离人民群众日益增长的精神文化需求差距很大，离新形势发展的要求亦有很大差距。今后我们一定要按照自治区党委、政府的总体工作要求和部署，结合西藏新闻出版工作实际，突出重点，务求实效，不负重望，勇创佳绩。

三、新闻出版业发展思路

坚持以邓小平理论和“三个代表”重要思想为指导，全面落实科学发展观，解放思想，实事求是，与时俱进，贴近实际、贴近生活、贴近群众，以社会主义核心价值体系为根本，大力推进和谐文化建设，繁荣社会主义先进文化，一手抓繁荣，一手抓管理，全面抓落实，不断开创西藏新闻出版工作的新局面，为建设小康西藏、平安西藏、和谐西藏、生态西藏提供强大的精神动力和智力支持。我们下一步的工作就是要坚持一个导向，落实“两手抓”，做到“三贴近”，占领“四个”阵地，实施“五大”战略，抓好“六大”工程，突出“七个方面”，推进体制机制改革。

（一）坚持正确的新闻出版导向

组织出版一大批围绕中心、服务大局，基调鲜明、导向正确的优秀出版物，深入宣传科学发展观理论和社会主义核心价值体系。抓好《西藏今昔》《西藏辉煌50年》等一系列纪念新中国成立60周年、西藏民主改革50周年的重点出版物。

（二）一手抓繁荣发展、一手抓社会监管

切实加强监管与服务，推动新闻出版业全面协调健康发展，深入开展“扫黄打非”工作，把净化社会文化环境工作抓紧抓实、抓出成效，积极营造有利于未成年人健康成长的良好社会氛围，严厉打击政治性非法出版物和达赖集团的反动出版物及宣传品。

（三）要做到贴近实际、贴近群众、贴近生活

重点推出一批唱响共产党好、社会主义好、改革开放好、人民军队好、人民群众好、伟大祖国好主旋律的出版物。组织出版发行藏医药业、民族手工业、医疗卫生、文化教育、种植养殖等让农牧民群众一看就懂、一学就会、一用就灵、一点就通的优秀出版物。

（四）占领寺庙、农村、学校、口岸的思想文化阵地

积极组织在哲蚌寺、色拉寺、甘丹寺、热振寺等重点寺庙建立图书阅览室，配合寺庙爱国主义教育和法制宣传教育活动。积极筹措资金出版发行一大批思想性、实用性强的图书，免费赠送农牧区干部群众。挑选一批适合少年儿童阅读的爱国主义教育出版物免费送进中小学校。认真抓好亚东、樟木等重点口岸发行网点建设，不断增加各类出版物的品种和数量，加大口岸出版物市场的监管力度，形成强大的辐射力，不断挤压达赖分裂集团的反动宣传空间。

（五）实施精品战略、特色战略、人才战略、合作战略和“走出去”战略

重点推出100种紧紧围绕党和政府中心工作的精品出版物。

加大特色旅游、藏医药业、绿色食品、生态环境、民族手工业、矿产资源等特色支柱产业的一系列图书的出版力度。抓紧培养领军人才和紧缺人才。充分挖掘我区丰富的出版资源，与内地合作出版100种优秀图书和音像制品。在印度、尼泊尔、台湾等达赖集团活动频繁的国家和地区积极举办出版物展览展销活动，有理有据地批驳达赖集团所谓“西藏文化毁灭论”等各种谬论，让世界了解真实的西藏、发展的西藏、变化的西藏。

（六）抓好“六大工程”，服务广大人民群众

大力实施农家书屋工程，切实抓好工程项目、进度、责任三落实，完善出版物选、配、送、管、用和长期更新、发展的工作机制。认真抓好重点出版工程，用好管好出版专项基金和民族文字出版资金，组织生产一大批站在时代前沿、弘扬优秀民族文化的精品力作。全力抓好物流配送工程和连锁经营建设，提高民族语言文字产品生产供应能力，让发展成果惠及各族人民群众。加强县新华书店建设工程，加快39个县书店建设，努力实现县县有新华书店的目标，还要抓好主要边境口岸、青藏铁路沿线和各机场的发行网点建设；加快印刷技术改造工程，在重点印刷企业实现印前数字化、印中高效化、印后自动化的目标。大力开展文化环保工程，以“扫黄打非”和反侵权盗版为载体，清理文化垃圾，加大对低俗、庸俗出版物的整治力度，加强网络监管，为未成年人营造良好的文化环境。

（七）突出七个方面，推进体制机制改革

一是认真学习贯彻中央《关于深化文化体制改革的若干意见》和文化体制改革的一系列重大决策和部署，一方面学习兄弟省区经验，另一方面认真结合我区实际，提出积极稳妥的改革思路。

二是坚持以发展为主题，以改革为动力，以体制机制创新为重点，以结构调整为主线，进一步壮大实力、增强活力、提高竞争力，基本形成以公有制为主体、多种所有制共同发展的新闻出版产业格局。

三是根据出版事业和产业不同性质，明确不同改革要求，公益性出版事业着重转换机制，而经营性出版产业主要从体制上去突破，配置资源、盘活存量、优化增量，重点培育和发展一批具有竞争力和影响力的企业。

四是认真贯彻落实自治区文化体制改革领导小组的总要求，深入调查研究，试点先行，先易后难，逐步推开，积极稳妥地推动新闻出版体制机制改革。

五是认真抓好人民出版社、民族文字出版单位和党报、党刊等公益性出版事业单位的改革工作，确保党对意识形态工作的领导权，积极推进公益性出版单位内部管理机制、人事制度、劳动制度改革。

六是大力推进发行体制改革，完善现代流通体制，进一步加强物流配送和连锁经营建设，逐步形成统一开放、竞争有序、健康繁荣的现代市场体系。印刷业积极推进国有企业股份制改制工作，努力实现现代企业管理制度。

七是根据中央办公厅、国务院办公厅下发的《关于进一步加强和改进报刊管理工作的意见》（中办发【2008】27 号）文件的通知精神，加强和改进我区新闻报刊出版管理工作，一手抓发展、改革，一手抓服务、管理，按照符合宣传规律、传播规律的方式，形成一整套科学有效的管理方式、管理手段和管理制度，建立一支敢于负责、严格执法的监管队伍，构建有序开放、有效管理的新闻报刊监管机制。

新形势下新闻出版事业改革、发展的任务艰巨，做好以上工作需要进一步提高对新闻出版业特点和规律的认识：

一是在地位和作用上，明确新闻出版机构是党的意识形态的重要阵地，是传承民族文化的重要载体，在促进经济增长、维护社会稳定、参与市场竞争、提高人的素质等方面具有基础性、战略性作用。

二是在发展方向上，明确始终坚持社会主义先进文化前进方向，坚持马克思主义在意识形态领域的指导地位，更加自觉、更加主动地推动社会主义文化大发展、大繁荣。

三是在发展目的上，明确要坚持以人为本，贴近实际、贴近生活、贴近群众，不断满足人民群众日益增长的精神文化需求，保障人民群众的基本文化权益。

四是在发展动力上，明确坚持改革创新和科技进步是根本动力，坚决破除制约发展的体制机制障碍，不断解放和发展新闻出版生产力。

五是在发展思路上，明确要一手抓繁荣发展，一手抓科学管理，切实加强监管与服务，推动新闻出版业全面协调健康发展。

六是在发展格局上，明确要形成以公有制为主体、多种经济成分共同发展的新闻出版产业格局，走有中国特色、西藏特点的新闻出版业发展路子。

七是在发展战略上，明确要坚持提升文化软实力，深入实施精品战略、特色战略、合作战略、人才战略和“走出去”战略。

八是在发展保障上，明确党对新闻出版工作的宏观控制力，注重体制机制、增长方式、政府职能的转变，充分发挥积极性、主动性、创造性。这些经验和认识，是科学发展观在新闻出版领域的具体体现，是对新的历史条件下新闻出版业发展规律的客观反映，体现了科学发展观对新闻出版工作的本质要求。

总的来看，新闻出版工作改革开放30年来取得了很大成绩，探索了规律，丰富了认识，积累了经验。近几年来，新闻出版业取得了显著成绩，但与区党委、政府的要求，还有很大差距。一是新闻出版业发展与日趋完善的社会主义市场经济体制不适应；二是新闻出版业与现代科学技术和传播手段迅猛发展、广泛应用的新形势不相适应；三是新闻出版业与很好地满足广大人民群众日益增长的精神文化需求还不相适应。这些不适应，应该引起我们的足够重视，并认真加以解决。同时，坚持科学发展观为指导，正确处理好事业和产业的关系、离不开和不依赖的关系、公有制主体和多种所有制共同发展的关系、面向城市与面向农牧区的关系、集团化与集约化的关系。

目前，西藏新闻出版业面临着全面繁荣、全面推进的大好形势，我们要紧紧围绕自治区党委和政府的中心工作，树立和落实科学的发展观，进一步转变政府职能，加强和改进管理方法，形成高效协调的监管机制，强化宏观调控，用社会主义先进文化产品占领市场，占领阵地，为构建和谐西藏和全面建设小康社会的宏伟目标提供强大的精神动力和智力支持。

（原载《西藏日报》，2009年5月7日）

打开通往世界的窗口

——参加第61届法兰克福国际图书博览会有感

法兰克福国际图书博览会每年吸引着来自世界110多个国家和地区的书业界人士16万人参加。其盛大的规模（19万平方米）、丰富的展品、先进的服务设施堪称世界之冠。它为世界各地的出版商创造了直接互动的机会，它既延续、加强了已有客户，又可寻找新的合作伙伴，开放版权与许可贸易。博览会是出版社、跨国公司进一步塑造企业形象的大好时机，通过介绍和展示产品，既可以获得新的消费者，寻求新的发行渠道，交流与收集信息，进行市场调研，又可以通过博览会向世界推介自己的文化产品。

让中国走向世界

中国搭接国际图书博览会平台走向世界出版舞台，成为法兰克福的关键词。本届法兰克福国际图书博览会可谓是书海与人海交织的全球出版业的“奥运会”。与以往不同，本届法兰克福国际图书博览会掀起的“中国潮”势不可当地从亚洲一路涌来。“中国作家百人团”活跃在书展上，向世界讲述我们中国的故事。规模大、创新多、亮点多、受关注，中国主宾国活动精彩纷呈：主宾国开幕式、开幕式音乐会、出版高层论坛、中外经济学家论坛、华文出版论坛、中德文学论坛、“中国之夜”、“中国文学之夜”、“欢乐中国风”、“传统的复活——中国当代艺术展”、中国非物质文化遗产艺术展演、中国传统木版水印展……涉及出版、广播电视、艺术展览、文艺演出等文化领域，更是中国文化、中国力量的一次整体、立体展示。600余场专业活动和文艺演出让世界集中感受到当代中国艺术和中国传统技艺的魅力。参展的华侨说：“从来没有像这次这样感受到中国文化在世界的影响，作为一个中国人，我们感到无比骄傲。”

加大“走出去”战略力度，弘扬中华民族优秀文化，让世界了解中国。当今世界，文化与经济、政治相互交融，在综合国力竞争中的地位和作用越来越突出。文化软实力成为经济推动中国走向世界、增进中国人民与世界各国人民相互了解和加深友谊的迫切需要；是宣传我国改革开放取得的巨大成就和当代中国人民精神风貌，树立中国良好国家形象的迫切需要；是加强国家软实力建设，全面提升我国综合国力的迫切需要。中国作为主宾国参加2009年法兰克福国际图书博览会，其中一个非常重要的目的，就是充分利用这一重要契机，进一步推动中国出版“走出去”，促进中外出版业的交流与合作，提升中国出版产品的影响力和竞争力，实现中国出版业又好又快的发展。对外推出的中国精品图书，在西方主流社会产生了良好影响。此次法兰克福国际图书博览会，主宾国中国的活动以尊重文化多样性、促进世界和谐发展为原则，以友善、合作的形象向全世界展示致力于和平发展的中国，让世界人民真正了解中华文化是世界文化之林中最为优秀的文化之一。

让世界了解中国的西藏

这次法兰克福国际图书博览会首次设立少数民族出版展区，集中展示民族出版成果。在中国图书展示场馆醒目位置设置了中国少数民族图书展区，展示了各个民族出版单位的图书精品。少数民族展区的图书充分展示当代各民族经济、政治、社会、文化领域的发展成果。充分利用法兰克福国际图书博览会这一当今世界上最大的出版交易平台，进一步实施民族出版“走出去”战略，推动优秀民族出版物的版权输出，参加中外作家与作品的沟通、交流与合作，增强文化软实力。通过多角度、多方面地展示西藏传统文化和现代经济社会发展成就，让国际社会对西藏有更多的了解，消除对西藏的偏见。其中西藏人民出版社出版的《唐卡大全》《藏族服饰》《藏族通史》等图书引来了不少中外读者的观看和选购。尤其是中国在法兰克福展览馆中心广场专门设立的中国非物质文化遗产帐篷展示区和露天舞台展，来自西藏的传统绘画艺术——唐卡吸引了众多参观者。

这次法兰克福国际图书博览会，让我们充分认识到，一定要加强学习，加强沟通交流，采取更多的措施与方式开拓今后的市场。我们参观了西藏人民出版社主要合作单位的展位，与部分版权负责人进行了交谈，交换了最新的出版信息，赠送了宣传品。针对西藏人民出版社的特点，我们要努力探求多种合作渠道。鉴于国内市场的竞争已经非常激烈的现实，我们要紧紧抓住国家为配合“走出去”战略而采取的一系列扶持政策的机会，充分利用西藏的资源优势，有针对性地与国内外出版单位合作，争取更多的合作机会。以此为契机，必能不断加大文化类图书向外推介的力度。

（原载《西藏日报》，2009年12月6日）

大力推进西藏新闻出版事业跨越式发展

年初召开的全区新闻出版工作会议是在全国新闻出版系统胜利完成“十一五”时期任务，科学谋划、精心实施“十二五”时期发展规划的关键时刻召开的一次重要会议。会议的主要任务是：深入贯彻落实党的十七届五中全会和中央第五次西藏工作座谈会精神，学习贯彻落实全国宣传部长会议和全国新闻出版工作会议精神，深入贯彻落实区党委七届七次全委会和全区文化发展大会以及全区宣传部长会议精神，回顾总结新闻出版业“十一五”时期经验，确定新闻出版业“十二五”时期发展目标，部署2011年任务，确保“十二五”头一年新闻出版改革发展开好局、起好步，为实现新闻出版事业跨越式发展奠定坚实基础。

一、“十一五”时期新闻出版工作回顾

“十一五”时期，在国家和自治区的关心支持下，在自治

区党委、人民政府的正确领导下，自治区新闻出版战线各族干部职工紧紧围绕自治区改革发展稳定的中心任务，坚持科学发展，夯实发展基础，把握正确导向，促进出版繁荣，服务基层群众，强化行业管理，加强机构及队伍建设，新闻出版事业和产业都取得了长足的进步。出版业进步显著，出版发行了一大批宣传党的路线、方针、政策，弘扬优秀民族文化传统，传播科学文化知识和服务“基层”的优秀出版物。5 年以来出版成效显著，组织出版了《党的执政能力建设》《党的先进性在西藏的实践》等 1000 多种深入学习宣传科学发展观和阐述、解读中国特色社会主义理论体系的重点出版物，壮大了主流思想舆论，精心组织《改革发展中的西藏》《西藏辉煌 50 年》《西藏百科全书》等 300 多种纪念新中国成立 60 周年、改革开放 30 周年、西藏民主改革 50 周年等重大献礼出版物。5 年累计出版各类藏汉文图书 4200 种、1.3 亿册，分别增长了 15% 和 20%。报纸从 18 种增加到 23 种，增长了 28%，每年出版报纸 5300 万份，产量 9.6 万千印张，平均增长 18% 和 25%。期刊从 21 种增加到 35 种，增长了 67%，每年出版期刊 130 万册，产量 1.2 万千印张，平均增长 16% 和 18%，实现了 7 地市都有藏汉文报纸的目标。每年出版音像制品 120 多种，实现销售量 36 万盘，精心出版发行了一系列深受群众喜爱的优秀音像电子出版物。音像批发、零售、出租点达 990 家，实现销售额 6000 万元。国有、集体、民营图书发行网点达 245 家，每年发行图书 30 多万种，销售码洋突破 1 亿大关。全区印刷、包装、复制企业达 406 家，印刷业产业结构调整和技术设备更新改造步伐进一步加速，印刷质量明显提高，工业总产值突破 3 亿元。2010 年全区新闻出版业总产值达 6.2 亿元，占全区 GDP 的 1.2%，连续 5 年保持了 12% 以上的发展速度。

新闻出版公共服务体系建设卓有成效，经过几年的努力，我区新闻出版最大惠民工程“东风工程”项目即将落实。总投资预算3440万元的新闻出版公共服务综合楼顺利开工建设，新建农家书屋2000个，圆满完成了“十一五”时期的建设任务。先后自筹资金30万元在哲蚌寺、色拉寺、热振寺、楚布寺、聂塘寺进行寺庙书屋试点建设。深入开展优秀出版物“进社区、进校园、进军营、进企业”等一系列活动，新建了18个社区书屋和7个职工书屋，先后免费赠送图书1.5万种、30万册，价值达600万码洋。广泛开展丰富多彩的全民阅读活动，着力营造多读书、读好书的浓厚氛围。

新闻出版管理体制不断健全，依法管理的力度进一步加大。在机构改革中，区新闻出版局升格为正厅级政府直属机构，各地（市）、县都成立了新闻出版局。积极稳妥地推进体制机制改革，推进西藏人民出版社、西藏藏文古籍出版社内部人事制度、收入分配和社会保障制度改革，基本完成西藏音像出版社、雪域音像电子出版社、拉萨市新华书店转企改制任务。全面加强出版单位书号实名申领数据、条码、CIP数据和出版物元数据等出版信息资源平台建设，提供快捷服务。实现报纸、期刊、广电新闻记者证统一换发，统一上网查询，核验工作目标。版权管理和保护工作取得了新成效。全民阅读活动深入推进，新闻出版队伍建设迈出新的步伐，队伍素质明显提高。新闻出版系统党风廉政建设、精神文明建设取得新成绩，干部、职工思想作风和精神面貌发生了较大变化。

“十一五”规划发展目标和各项任务的基本完成，使新闻出版业规模进一步扩大，实力不断提升。新闻出版行业在服务大局、营造良好的舆论环境、提供有力的思想保证、促进自治区改革、发展、稳定中的作用进一步增强。

2010年是“十一五”时期的收官之年，全区新闻出版总产值达到6.2亿元，占全区GDP的1.2%，连续5年保持了12%以上的发展速度，从业人员达到8900人，全系统固定资产增长了3亿多元。区党委书记张庆黎同志在上报新闻出版局的工作报告中，作出重要批示：“区新闻出版局按照区党委的要求，四项重点工作抓得细、实，卓有成效，下一步要坚持抓好两项工作：一是抓好管理、利用和巩固提高的工作；二是抓好扩大战果的工作。”张庆黎书记的重要批示，对新闻出版工作给予了充分肯定，对做好下一步工作提出了殷切希望，这是对全区新闻出版战线的高度重视、亲切关怀，更是巨大鼓舞和有力鞭策。我们一定要认真学习领会，深入贯彻落实，以更加高昂的斗志和求真务实的作风，扎实推进各项工作。

回顾“十一五”取得的成绩，总结2010年的工作，我们进一步增强了推动新闻出版事业大发展大繁荣的信心，也进一步明确了实现新闻出版事业跨越式发展的工作方向。一是必须始终高举一面旗帜，坚持以弘扬社会主义先进文化为己任，坚持正确的新闻出版方向，这是新闻出版跨越式发展的灵魂。二是必须始终围绕一个中心，坚持把服务西藏经济社会跨越式发展和长治久安，推动西藏建设、发展、开放作为工作的重中之重，这是新闻出版跨越式发展的责任和使命。三是必须始终把握一条主线，坚持把抓住机遇、加快发展作为当前和今后一个时期重要而紧迫的任务，这是新闻出版跨越式发展的根本所在。四是必须始终牢记一个宗旨，坚持以人为本，服务人民，贴近实际、贴近生活、贴近群众，努力满足各族群众日益增长的精神文化需求，保障各族群众读书看报的基本文化权益，这是新闻出版跨越式发展的出发点和落脚点。五是必须始终明确工作思路，坚持“两手抓”，一手抓改革，一手抓发展；一手抓公益性事业，一手抓经营性产业；一手抓繁荣，一手抓管理，做到统筹兼顾，互相促进，这是新闻出版跨越式发展的有效方法。六是必须始终强调一个保证，坚持党的领导，切实加强各级党组织、领导班子建设和队伍建设，这是新闻出版跨越式发展的政治和组织保障。

二、明确“十二五”发展目标，扎实做好“十二五”开局之年的工作，为实现新闻出版跨越式业发展努力奋斗

“十二五”期间，自治区新闻出版事业面临难得的发展机遇。一是中央高度重视西藏工作，特别是中央第五次西藏工作座谈会，把西藏文化建设作为重要战略任务进行专门阐述，作出重要部署，提出明确措施，要求把西藏建设成为重要的中华民族特色文化保护地，为西藏新闻出版业的发展开辟了广阔前景。同时对西藏新闻出版业发展提出了更高要求。“十二五”是我区深入贯彻落实中央第五次西藏工作座谈会精神，在新的历史起点上大建设、大发展、大跨越，加快推进全面建设小康社会最为重要、最为紧迫、最为关键的时期，这为新闻出版弘扬社会主义先进文化，建设社会主义核心价值体系，壮大主流思想舆论，提供强大的精神动力、智力支持和文化条件提出了更高要求。

——随着经济社会的跨越式发展和人民群众生活水平的显著提高，人民群众对精神文化的需求日益增长，享受丰富多彩的精神文化生活要求更加迫切，渴求知识和参与文化创造的愿望更加强烈。抓住西藏社会主要矛盾，顺应人民群众新期待，对建设覆盖全面和功能齐全的新闻出版公共服务体系，推出更

好更多更加丰富的精神文化产品，传承优秀传统文化提出了更高要求。

——深入贯彻落实中央和自治区关于反分裂斗争的一系列方针政策和重大决策部署，谋长久之策、行固本之举，推进社会局势由基本稳定、持续稳定到实现长治久安。对新闻出版牢牢抓住西藏社会特殊矛盾，深入揭批达赖集团反动本质，坚决抵御国际敌对势力和达赖集团的反动思想文化渗透，筑牢各族人民团结奋斗的共同思想基础，维护意识形态和文化安全，促进社会和谐稳定提出了更高要求。

——深入贯彻落实区党委、政府《关于推动文化大发展大繁荣的决定》和全区文化发展大会精神，兴起社会主义文化建设新高潮。对新闻出版深入推进体制机制改革，加快转变发展方式，提升经济发展质量和文化内涵，繁荣新闻出版事业、发展新闻出版产业提出了更高要求。

“十二五”时期，是西藏新闻出版体制机制改革实现新突破、事业发展实现大跨越、产业发展实现结构调整和技术升级的攻坚时期。

——按照“深入调研，试点先行，先易后难，逐步推开”和公益性出版事业着重推进机制转换，经营性出版产业着重推进体制改革的工作思路，新闻出版体制机制改革创新取得了积极成效。“十二五”期间，根据中央和自治区推进文化改革发展的部署要求，新闻出版面临积极稳妥推进体制改革、机制创新、激发活力、增强效益的任务，需要在重点领域和关键环节上取得突破性进展。

——西藏新闻出版在壮大主业、培育市场主体和推动经营走向多元化等方面取得了长足发展，呈现出人才、资本和资源集聚效应，产生了良好的社会效益和经济效益。随着市场体系的日益完善和市场竞争的日趋加剧，新闻出版面临扩大产业规模、调整产业结构、转变发展方式的任务，需要在推进科学发展、跨越式发展上大有作为。

——西藏新闻出版高科技应用水平不断提高，产业技术升级步伐进一步加快，产品形态不断创新。随着信息技术、数字技术和计算机技术的迅猛发展，新闻出版面临发展数字编辑、数字出版、数字印刷、数字发行等新业态的任务，需要在应用高新技术推动传统新闻出版向数字新闻出版转型上加快步伐。

“十二五”时期，西藏新闻出版发展面临的机遇前所未有，面临的挑战艰巨复杂，机遇大于挑战。新闻出版战线要进一步增强责任感、紧迫感、使命感，抓好用好机遇，积极应对挑战，巩固扩大新闻出版发展的良好态势，努力开创新闻出版发展新局面。

同时我们也要清醒地认识到，新闻出版业的发展与时代要求还有很大差距，制约新闻出版业发展的深层次矛盾和问题仍然突出。各类出版物的整体质量有待进一步提高，主旋律出版物特别是藏文出版物的数量和质量还不适应西藏人民群众日益增长的精神文化需求。新闻出版产业规模小，整体水平不高，经济实力较弱，竞争能力不强。符合西藏实际、有利于推动西藏新闻出版业又好又快发展的体制机制还不健全，新兴出版业态发展滞后，新闻出版公共服务能力不足，国内国际传播力、影响力还很薄弱，高层次人才数量不足，队伍整体素质不高，等等。在新的历史条件下新闻出版工作面临的机遇前所未有，面临的挑战也异常艰巨复杂，发展的任务很重，改革的任务很重，管理的任务也很重。新闻出版战线上的广大干部职工要认清形势，明确任务，牢固树立机遇意识、忧患意识、责任意识，抓住机遇，以更加昂扬奋进的精神面貌，不断开创新闻出版工作的新局面。

“十二五”时期新闻出版业发展的总体目标是：以繁荣新闻出版事业为中心，以加强和完善新闻出版公共服务体系建设为抓手，以加快藏文出版为重点，不断提高工作能力和水平，一方面积极为实现西藏跨越式发展和长治久安保驾护航、提供服务；另一方面，在服务大局中加快发展，壮大实力，形成有利于新闻出版业科学发展的新格局，使自治区新闻出版业在服务西藏跨越式发展，维护西藏稳定大局中发挥更大作用。

一是公益性出版事业和经营性出版产业、国有与民营经济协调发展的新闻出版体制，促进西藏新闻出版业步入良性发展轨道；二是形成基本满足人民群众，特别是农牧区各族群众精神文化需求的新闻出版产品和服务供给能力；三是形成覆盖城乡、保障有力的新闻出版公共服务体系；四是形成出版物影响力和传播力显著增强的新闻出版（走出去）新格局；五是形成宏观调控、依法行政、公共服务和市场监管能力显著增强的新闻出版（版权）行政管理体系；六是形成适应形势和行业发展新要求，有利于高素质人才培养和使用的新机制。

“十二五”末，全力推动新闻出版科学发展、跨越式发展，确保新闻出版增加值与全区国民经济保持相同的12%以上的发展速度。主要目标是：到2015年年末，新闻出版总产值占全区国民生产总值的比重达到2%，人均年消费图书4册、期刊3册、音像制品4盘（张），每千人每日消费报纸75份，手机报基本普及，整体保持更好更快更大的发展态势。其中，藏文图书年出版品种增长2倍以上，总印数增长3倍以上；藏语言音像制品年出版品种增长1倍以上，总数量增长2倍以上；报刊年出版总印数翻一番，手机报覆盖全区80%的手机用户；出版物年发行（含赠阅）码洋翻两番，出版物发行网络建设覆盖全区所有县和重点口岸；印刷复制业年生产总值翻一番，生产技术装备条件达到国内中等以上水平。

2011年是中国共产党成立90周年、西藏和平解放60周年的重要年，是“十二五”开局之年。全区新闻出版工作的总体思路是：高举中国特色社会主义伟大旗帜，以邓小平理论和“三个代表”重要思想为指导，深入贯彻落实科学发展观，全面贯彻落实区党委、政府《关于推动文化大发展大繁荣的决定》和全区文化发展大会精神，按照高举旗帜、围绕大局、服务人民、改革创新的总要求，坚持社会主义先进文化前进方向，牢牢把握新闻出版正确导向，紧紧围绕“十二五”经济社会发展的主题，以满足人民群众日益增长的精神文化需求为出发点和落脚点，以体制机制改革为动力，以科技进步为支撑，以重点项目为载体，一手抓繁荣发展，一手抓科学管理，大力繁荣公益性新闻出版事业，大力发展经营性新闻出版产业，着力壮大主流思想舆论，着力提升以藏语文为重点的精神产品生产供给能力，着力提升新闻出版传播力，着力提升依法行政管理能力，着力推进出版物市场体系建设，走有中国特色、西藏特点的新闻出版发展路子，努力把西藏建设成为重要的中华民族特色文化保护地。

在实践中，要重点做好以下几个方面的工作：

（一）传播社会主义先进文化，推进社会主义核心价值体系建设。组织出版解读和普及中国特色社会主义理论体系，深入研究中国特色社会主义理论体系在西藏的实践，以中国特色社会主义理论体系为指导，研究对西藏发展稳定有重大理论和现实问题的优秀出版物。策划推出阐释马克思主义“四观”、“两论”，宣传和弘扬以爱国主义为核心的中华民族精神、以改革创新为核心的时代精神和以艰苦奋斗为核心的“老西藏”精神出版项目。大力扶持反映科学发展观和社会主义核心价值体系的通俗读物，反映党的民族宗教政策在西藏的光辉实践和西藏发展变化的精品力作，用社会主义核心价值体系引领社会思潮，在多元中立主导、在多样中谋共识，巩固壮大主流思想舆论，构筑精神文化高地。

（二）大力发展公益性新闻出版事业，保障人民群众的基本文化权益。按照公益性、基本性、均等性、便利性要求，完善健全以政府为主导，以公共财政为支撑，以公益性新闻出版单位为骨干，以新闻出版公共服务重大工程项目为载体，社会力量广泛参与的新闻出版公共服务体系。积极推进公益性新闻出版单位内部机制改革创新，切实发挥公益性新闻出版单位在公共服务中的骨干作用，充分调动新闻出版企业的积极性，着力提高新闻出版产品和服务的生产能力与传播能力，提高新闻出版公共服务产品总量和质量。组织实施好少数民族新闻出版“东风工程”，重点抓好藏语文出版产品生产基础建设，全力推动藏语文出版产品的生产和供给。抓好新闻出版公共服务基地建设，着力提高公共服务能力和水平。大力推进农家书屋工程建设，确保农家书屋覆盖到所有行政村，全面推进寺庙书屋建设，切实把党的方针政策和温暖送进寺庙。加大县级新华书店和基层发行网点建设力度，实现“县县有新华书店”的目标。广泛深入开展全民阅读活动，在全社会积极营造多读书、读好书的浓厚氛围。

（三）做大做强经营性新闻出版产业，着力提高新闻出版业整体实力和竞争力。坚持解放思想、与时俱进、改革创新，以推进体制改革为动力，以技术改造升级为支撑，推动经营性新闻出版单位产权制度改革，完善法人治理结构，建立现代企业制度。加大对集体、民营资金组建的非公有制企业发展的支持力度，推动新闻出版业形成以公有制为主体、多种所有制经济共同发展的格局。以内容创新为重点，继续发展图书、报纸、期刊等纸介质传统出版产业；以业态创新为重点，大力发展数字出版、信息服务等战略性新兴出版产业；以优化升级为重点，坚持发展印刷复制产业；以区域整合为重点，积极发展新闻出版流通和物流产业。

（四）传承优秀传统文化，努力建设重要的中华民族特色文化保护地。按照把西藏建设成为重要的中华民族特色文化保护地的目标要求，从建设中华民族共同精神家园的战略高度，传承优秀传统文化，赋予时代内涵，提升中华民族凝聚力。精心组织文物古籍保护和非物质文化遗产的出版选题，加大抢救濒临失传的手抄本、孤本、珍本等藏文古籍整理出版力度，搜集整理出版民间歌谣、故事、谚语、舞蹈、曲艺、戏曲、音乐等民间文艺，大力扶持《四部医典》《格萨尔王传》《甘珠尔》《丹珠尔》等藏文典籍的出版发行，大力扶持藏医藏药、天文历算、唐卡绘画、民族手工业等传统文化的挖掘出版，大力扶持人口较少民族文化遗产的整理出版。大力实施新闻出版“走出去”战略，广泛开展新闻出版对外交流和对外展销活动，提升西藏文化的传播力和影响力，有力驳斥达赖集团散布的所谓“西藏文化毁灭论”。

（五）加强出版物市场体系建设，建立健全良好的市场秩序。加快出版物市场和资本市场、技术市场、信息市场等要素市场建设，形成统一开放、竞争有序、健康繁荣的现代新闻出版市场体系。加快推进新闻出版诚信体系建设，建立新闻出版业社会信用体系的基本框架和运行机制，完善新闻出版企业评价体系，规范市场竞争行为。加大版权保护力度，保护原创作品，保护权利人的权益，保护文化创新精神。深入开展“扫黄打非珠峰”工程，严厉打击“藏独”反动出版物和政治性非法出版物，严厉打击侵权盗版和非法出版活动。充分发挥新闻出版行政部门的管理职能、行业的自律功能、社会的监督作用，形成良好的市场环境秩序。

（原载《西藏日报》，2011 年 6 月 11 日）

西藏新闻报刊业现状及发展思考

党的十七届六中全会是在全面建设小康社会关键时期和文化改革发展重要阶段召开的一次重要会议，全会从时代要求与战略全局出发，以高度的文化自觉和文化自信，第一次鲜明地提出坚持中国特色社会主义文化发展道路，确立建设社会主义文化强国的战略目标，这一目标，准确把握了我国经济社会发展新要求、当今时代文化发展新趋势、各族人民精神文化生活新期待，是全会的一个重大贡献和突出亮点。全会审议通过的《中共中央关于深化文化体制改革、推动社会主义文化大发展大繁荣若干重大问题的决定》（以下简称《决定》），在总结历史经验、科学分析形势的基础上提出了新形势下推进文化改革发展的指导思想、重要方针、目标任务、政策举措，充分体现了我们党文化上的高度自觉和政治上的远见卓识，具有很强的思想性、前瞻性、指导性和可操作性，是推进我国文化改革发展的纲领性文件。新闻报刊作为文化传播的主渠道、主阵地，肩负着用先进文化凝聚思想共识、引领社会进步、增强文化软实力的重要历史使命。我们一定要以高度的文化自觉和文化自信带头学习好、宣传好、贯彻好、落实好党的十七届六中全会精神，坚持高举旗帜、围绕大局、服务人民、改革创新，更加自觉、更加主动地走有中国特色、西藏特点的社会主义文化大发展道路，全力推动我区新闻报刊业大发展大繁荣。

一、西藏新闻报刊事业发展呈现良好态势

中央第五次西藏工作座谈会召开以来，在党中央、国务院的关心支持下，在区党委、政府的坚强领导下，在新闻出版总署的有力指导下，西藏新闻报刊出版业保持了健康持续稳步发展，在服务经济社会发展、促进社会稳定、提高群众教育文化水平以及维护民族团结等方面发挥了积极作用。目前，西藏共有报刊58种，其中藏文报纸10种，藏文期刊14种。基本形成了以综合文化类、科技科普类、生活服务类、文艺文摘类等为主的多样化报刊结构，适应了不同层次读者的需求。《西藏日报》《拉萨晚报》《西藏科技报》《昌都报》《西藏商报》《日喀则报》先后获得中国报业协会、国家新闻出版总署颁发的“全国报业管理先进单位”和“全国地方报社管理先进单位”等称号。先后有200多人获得国家级和省部级颁发的“范长江新闻奖”“全国五一劳动奖章”以及“优秀新闻工作者”、“最佳记者”等光荣称号。《西藏研究》《西藏旅游》《西藏民俗》等期刊自2000年以来先后获得国家新闻出版总署、中国期刊业协会“国家期刊提名奖”、“百种社科期刊奖”、“百种重点社科期刊奖”、“双效奖”和“新中国60周年有影响力的期刊”称号。据统计，2010年共出版报纸6541.44万份，产量135421.68千印张。共出版期刊156.76万册，产量8498.92千印张。报刊广告收入在2400万元左右。藏文报刊基本上都是免

费赠送给基层老百姓阅读的，这些藏文报刊已成为西藏农牧民传播信息、推进社会文明进步的大众媒介。在不断满足西藏各族人民群众日益增长的精神文化需求方面，在不断丰富藏族群众的文化生活方面，特别是在反对分裂、维护祖国统一、加强民族团结方面和宣传西藏、介绍西藏、发展西藏方面作出了积极的贡献。

二、西藏新闻报刊事业发展过程中面临的问题

面临的形势：机遇与挑战并存，希望与困难同在，有利因素与不利因素交织。我们要充分利用有利条件，化解不利因素，顺势而为，乘势而上，努力开创西藏新闻报刊工作新局面。当前，西藏新闻报刊发展过程中面临的困难和问题主要是在发展方面，无论是事业还是产业都比较滞后，整体实力不强；在改革方面，思想观念滞后，求新求变的创新精神不足，体制不顺，机制不活；在人才方面，精英型的出版人才匮乏，报刊从业人员队伍长期处于不稳定状态。具体分析主要有以下几个方面的原因：

一是新闻报刊出版基础设施薄弱。新闻报刊出版业起步晚、底子薄、规模小、投入少，整体水平还不高。特别是受地广人稀、居住分散、交通不便、资金短缺、运输线长、发行费用高等自然条件和经济社会发展水平限制，基础设施十分匮乏，大部分报刊出版行业多数单位办公设备简陋、陈旧老化，整个行业至今未建立计算机网络系统，编辑、出版、发行和行政管理手段仍在沿用传统办法，造成工作节奏缓慢、工作效率低下，不能适应数字化和信息化时代发展的要求。

二是报刊出版单位体制机制不顺。我区报刊中不具有独立

法人资格的报刊编辑部占多数，所办刊物大都用于行业性交流，发展和产业化进程还比较缓慢，多数报刊规模小，经济效益差，市场化程度低，竞争力不强。特别是期刊出版单位，虽然具有良好的社会效益，但绝大多数依靠国家财力赖以生存，没有拓宽报刊的发行渠道，经济效益和广告收益不高，完全走入市场化的条件和要求都达不到。

三是藏语言报刊出版事业发展滞后。西藏的藏族人口占90%以上，80%分布在幅员辽阔的农牧区。藏语文出版物担负着为广大农牧区稳定发展提供精神动力和思想保证的重要任务。但由于藏语文报纸、期刊生产成本高、市场小、发行量低，在缺乏必要财力支撑的情况下，藏文报刊长期供血不足，亏损较大。西藏藏文报刊订户少、广告收入几乎为零，自身的造血功能严重不足，西藏藏语文报刊出版事业整体发展还非常滞后。2008 年，西藏每万人可消费的西藏出版的藏文报纸为0.03 种和0.79 份，藏文期刊为0.07 种和0.15 册。这样的发展水平不仅满足不了广大群众消费的基本需求，更不能适应与达赖集团在意识形态领域斗争的需要。

四是传播能力和影响力亟待提高。目前，西藏的报刊出版物基本还是以传统的平面介质为主。由于中国国土面积广大、交通不便、人口居住极为分散，给报刊这一传统出版物的配送和投递带来了极大的困难。在阿里、那曲、昌都等地的农牧区，日报甚至会变成“月报”，党的方针政策和先进文化的传播以及主流媒体的影响力大打折扣。如何采用现代信息技术，加快新兴媒体的开发与利用，在与达赖集团的斗争中争得先机和主动，已成为新时期西藏新闻报刊出版业极为重要的课题和使命。

三、完善西藏新闻报刊事业发展需要采取的措施

党的十七届六中全会集中研究了深化文化体制改革、推动社会主义文化大发展大繁荣问题，这充分体现了社会主义文化在建设“四位一体”中国特色社会主义事业中的重要推动作用，必将对新闻报刊业进一步深化改革、加快发展产生重要的推动作用。从国际上看，文化越来越成为民族凝聚力和创造力的重要源泉，越来越成为国家实力的重要组成部分，越来越成为综合国力竞争的重要因素。新闻报刊作为文化软实力的重要方面，其地位和作用日益凸显，要提高文化竞争力，必然要提高新闻报刊业的竞争力。为此，西藏新闻报刊必须要坚持社会主义先进文化前进方向，坚持正确的出版导向，牢牢把握推进科学发展、跨越式发展和长治久安的主题，以满足人民群众日益增长的精神文化需求为出发点和落脚点，以推进改革创新为不竭动力，更加注重公益性新闻报刊出版事业发展，更加注重藏语言类报刊精神产品的创作生产，更加注重激发市场主体活力，更加注重调整产业结构，更加注重提高行业技术水平，走有中国特色、西藏特点的新闻报刊出版发展路子，切实提升新闻报刊出版在西藏跨越式发展和长治久安中的推动力，为把西藏建设成重要的中华民族特色文化保护地区作出积极贡献。

一是必须发挥行业优势，不断增强舆论引导能力。

党的十七届六中全会就深化文化体制改革、推动社会主义文化大发展大繁荣做出了全面部署，也对加强和改进新闻舆论工作、加强传播能力建设提出了新的更高要求。学习宣传贯彻全会精神是全党全社会的重大政治任务，新闻报刊是文化传播的主渠道、主阵地，用先进文化凝聚思想共识、引领社会进

步，应当成为我们的自觉行动。为此，充分发挥行业优势，集中力量组织区内各报刊出版单位以十七届六中全会精神为指导，通过办专版、开专栏等多种形式、多种渠道加强宣传报道，深入解读，形成浓郁的宣传和学习氛围，切实把思想和行动统一到中央和区党委的部署要求上来。

二是必须加大力度，加快进度，鼓励新闻报刊转企改制。

党的十七届六中全会审议通过的《决定》提出了“深化改革开放、加快构建有利于文化繁荣发展的体制机制”的要求，为此，新闻报刊出版单位要借深化非时政类报刊出版单位体制改革机遇，按照非时政类报刊出版单位体制改革的指导思想和目标任务，结合全区报刊业改革发展情况、面临的挑战和存在的问题，以鼓励报刊单位以体制机制创新和运营方式再造为重点，加快推进经营性报刊转企改制，通过改革，进一步增强报刊发展活力，确保改革按照既定的路线图和时间表进行。同时，积极培育报刊出版新业态，促进传统报刊业产业升级，鼓励各报刊出版单位发展数字报刊、手机报刊、电子报刊，实现媒体资源的多次增值。指导各报刊出版单位加强网站建设与信息化建设，开辟新的赢利模式，解决西藏报刊格局长期以来存在的品牌少、规模小、质量低、结构不合理、缺乏市场竞争力等问题。

三是必须突出为民惠民，提高服务经济社会发展能力。

党的十七届六中全会《决定》明确指出：要激发以发展文化内容创作和文化生产活力，提高文化产品质量，为人民群众提供更多更好的精神食粮。要大力构建公共文化服务体系，满足人民基本文化需求。这对于新闻报刊出版界来说，既是难得的机遇，也面临更大的挑战，更意味着肩负的重任。对此，我们要有足够清醒的认识，积极有效的对策，紧紧围绕新闻出版公共服务体系建设，努力提高报刊公共文化服务水平。主要以服务“三农”为重点，以农家书屋、社区书屋、寺庙书屋等新闻出版公共服务体系为载体，创新服务内容、创新传播方式，逐步改变报刊公益性出版事业长期投入不足的局面，以深入开展全民阅读活动为平台，进一步创新全民阅读活动的组织方式和运行模式，扩大藏文党报和期刊免费赠送范围，在全社会积极营造多读书、读好书的浓厚氛围。

四是必须强化教育培训工作，提高新闻报刊队伍素质。

党的十七届六中全会提出，推动社会主义文化大发展大繁荣，队伍是基础，人才是关键。同样，如何发展好繁荣好新闻报刊出版业，深化非时政类报刊体制改革，关键靠人才、靠队伍。新闻报刊业的发展前景广阔，使越来越多的人看好这个行业，大量优秀人才成为新闻报刊业的生力军。新闻报刊出版对从业人员的素质要求比较高。面对新形势要求，新闻报刊出版工作要迈上新台阶，就必须建立一支政治坚定、业务精通、作风过硬、具有开拓创新能力的人才队伍。首先着力提高队伍素质和业务水平。组织办好报刊专业人员培训班，通过“请进来、走出去”等多种形式，强化中国特色社会主义理论体系、马克思主义新闻观、职业精神和职业道德的学习，通过学习和培训，使我区的新闻工作者政治意识明显增强，把握正确舆论导向的能力不断提高，大局意识明显增强，为中心工作服务的本领不断提高，为西藏新闻报刊业的更好发展提供有力的组织保证和人才支持。

五是必须建章立制，坚持依法行政，提高管理服务能力。

党的十七届六中全会提出，发展文化产业是社会主义市场经济条件下满足人民多样化精神文化需求的重要途径。随着新闻报刊业进一步走向产业化、市场化，新闻报刊管理工作面临着更加复杂和严峻的形势，为此，要严格执行出版物重大选题备案制度，认真抓好报刊审读工作，完善审读机制、信息交流机制和舆情分析研判机制，加大对涉及重大主题以及社会热点、敏感题材报刊出版物的审读力度，确保新闻出版导向正确。要建立健全通气会、打招呼、提要求的工作机制，建立健全全社会舆论信息汇集和分析机制，增强管理工作的针对性，牢牢把握主动权，打好主动仗。

（本文写于2011年12月19日）

西藏新闻出版事业繁荣和产业发展战略研究

新闻出版业是意识形态领域的重要阵地，是一个国家和地区现代文明程度的重要标志，是促进社会主义物质文明、政治文明和精神文明进步的重要力量；同时，新闻出版业又是方兴未艾的“朝阳产业”，作为文化产业的重要组成部分，其发展水平已经成为综合国力的重要标志之一。党的十七届六中全会集中探讨了文化改革发展的主体，这在我们党的历史上是第一次，提出建设文化强国的目标，也是历史上的第一次。作为文化工作者，要抓住这样一个大的机遇，在新的历史起点上，进一步深化文化体制改革，推动社会主义文化大发展大繁荣。全会指出，当今世界正处在大发展大变革的调整期，文化在综合国力竞争中的地位和作用更加凸显，维护国家文化安全任务更加艰巨，增强国家文化软实力、中华文化国际影响力的要求更加紧迫。当代中国已进入全面建设小康社会的关键时期和深化改革开放、加快转变经济发展方式的攻坚时期，文化越来越成为民族凝聚力和创造力的重要源泉，越来越成为综合国力竞争的重要因素，越来越成为经济社会发展的重要支撑，丰富精神文化生活越来越成为我国人民的热切愿望。全会认为，坚持中国特色社会主义文化发展道路，深化文化体制改革，推动社会主义文化大发展大繁荣，必须全面贯彻党的十七大精神，高举中国特色社会主义伟大旗帜，以马克思列宁主义、毛泽东思想、邓小平理论和“三个代表”重要思想为指导，深入贯彻落实科学发展观，坚持社会主义先进文化前进方向，以科学发展为主题，以建设社会主义核心价值体系为根本任务，以满足人民精神文化需求为出发点和落脚点，以改革创新为动力，发展面向现代化、面向世界、面向未来的，民主的、科学的社会主义文化，培养高度的文化自觉和文化自信，提高全民族的文化素质，增强国家文化软实力，弘扬中华文化，努力建设社会主义文化强国。自治区党委书记陈全国强调指出：“要切实把全会精神与西藏实际结合起来，增强针对性和可操作性，推动西藏实现由文化资源大区向文化强区的战略转变，为西藏跨越式发展和长治久安提供思想保障、精神动力和文化支撑。”在今后的工作中，宣传、文化、新闻出版等意识形态领域的广大干部职工要认清自己的责任，奉献全部的智慧，贡献所有的力量，把建设社会主义文化强国的历史使命担当起来。努力开发宣传阐述社会主义核心价值体系的重点图书、报刊，发挥出版在理论武装、教育人民方面的特殊作用，唱好主旋律，写好文章。努力出版更多人民喜闻乐见的优秀读物，全面提升各类图书、报刊等出版物的品位质量，发挥新闻出版在引领风尚、教育人民、服务社会、推动发展中的特殊作用；努力以思想的力量、艺术的魅力打动读者，坚持出版的正确导向，为全社会的思想道德建设提供更多、更好的精神食粮。在全面建设小康西藏、平安西藏、和谐西藏、生态西藏的历史进程中，新闻出版业肩负着弘扬先进文化、发展文化生产力、为现代化建设提供强大精神动力和智力支持的重大使命。

党中央、国务院和自治区党委、政府高度重视西藏新闻出版、版权管理、“扫黄打非”工作，温家宝总理在中央第五次西藏工作座谈会上的重要讲话中特别强调“扶持优秀藏语文图书、音像制品出版”。国务院办公厅《关于支持西藏经济社会发展若干政策和重大项目的意见》第十三条明确提出：“发展出版事业，加强党报党刊设备更新改造，实施《人民日报》藏文版等藏文出版物免费赠阅工程。支持少数民族语言影视音像、书报刊等文化产品的生产、译制与发行。加强出版物市场监管和‘扫黄打非’能力建设。继续实施农（牧）家书屋工程。”并“逐步解决寺庙书屋”问题。2011年6月11日在拉萨召开了第三次全国新闻出版系统援藏工作会议，形成了《关于进一步加强和完善新闻出版系统对口援藏工作的意见》，基本确定了新闻出版“十二五”援藏项目资金3亿多元。西藏新闻出版业应该抓住机遇，解放思想，更新观念，以开拓开放、自强不息的人文精神，加大新闻出版事业和新闻出版产业协调发展的力度，使西藏新闻出版事业和出版产业再上一个新台阶，为西藏经济社会跨越式发展和长治久安提供强大的精神动力和智力支持，为建设团结、民主、富裕、文明、和谐的社会主义新西藏作出重要贡献。

为了理清我区新闻出版业的发展战略，找准问题的关键，提出切实可行的对策和发展思路，我们对全区新闻出版业及其相关问题进行了深入的专题调查和研究分析。

一、西藏新闻出版业发展的基础与现状

近年来，在自治区党委、政府的坚强领导下，在国家新闻

出版总署的亲切关怀和全国新闻出版界的大力支持下，西藏新闻出版业从无到有、从小到大，逐步发展，目前初具规模。已经基本形成新闻出版、版权管理、“扫黄打非”以及法律法规建设相互配套、协调发展的比较完整的图书、报纸、期刊、音像制品和电子出版物的出版发行体系。我区新闻出版战线紧紧围绕反对分裂、维护稳定、促进发展这个大局，坚持以科学发展观为统领，为党和政府中心工作服务。2010 年全区新闻出版业总产值 6.2 亿元，占全区 GDP 的 1.2%，连续 5 年保持了 12% 以上的发展速度，目前从业人员达 8900 人，正处在繁荣发展的大好时期。主要体现在把握一个导向，落实“两手抓”，坚持“三贴近”，开展“四进”活动，组织“五大”战略，实施“六大”工程。

（一）把握一个导向，就是牢牢把握好正确的新闻出版导向。全区新闻出版工作更加自觉、更加主动地服从服务于党和政府的工作大局。组织出版了《党的先进性在西藏的实践》《党的执政能力建设》等 1000 多种围绕中心、服务大局、基调鲜明、导向正确的出版物，深入学习宣传邓小平理论和“三个代表”重要思想，深入研究阐释科学发展观的理论体系和社会主义核心价值体系。为纪念中国共产党成立 90 周年、西藏和平解放 60 周年、改革开放 30 周年等重大日子，出版发行了《跨越》《献给母亲的赞歌》《西藏辉煌 50 年》《西藏今昔》等 300 种献礼图书和音像制品。出版发行了党的十七大文献及辅导读物 30 万册，比十六大出版物发行总量翻了一番，满足了广大党员干部群众的学习需求。出版发行了《进一步做好西藏发展稳定工作学习读本》等一大批思想性、针对性强的读物，党建、时政类重点社科报刊刊发了一批理论学习文章。

（二）落实“两手抓”，就是落实好一手抓繁荣发展、一手抓社会监管。每年出版图书700多种、1200多万册，每年实现销售码洋900余万元，《西藏百科全书》等荣获首届中国出版政府图书奖，现已累计出版各类藏汉文图书11300种、13200多万册，有200种图书荣获全国性图书奖。全区23种报纸每年出版报纸5300万份，产量9.6万千印张，平均增长18%和25%；期刊35种，每年出版130万册，产量1.2万千印张，平均增长16%和18%；每年出版音像电子出版物120多种，实现销售数量36万盘，《今日西藏》《西藏放歌》《朗玛堆谐》等一系列优秀音像电子出版物深受群众喜爱。国有、集体、民营发行网点发展到245家，每年发行图书30多万种、600万册，图书销售码洋突破1亿大关；音像批发、零售、出租点发展到990家，每年销售音像制品100万盘，增长17%，实现销售额6000万元，投资1800万元新建的出版物物流配送中心，很好地发挥了主渠道作用。印刷、包装、复制企业达到406家，工业总产值突破3亿元。按照党和政府赋予的职责，我区新闻出版机构建设和人员编制得到了全面加强，自治区新闻出版局升格为自治区人民政府正厅级直属机构，全区七地（市）文化局与新闻出版局实行一个机构、两块牌子，各县（市、区）成立文化和新闻出版局，进一步提高宏观调控、依法行政、公共服务、市场监管等方面的能力。先后承办了全国“扫黄打非”办公室在拉萨召开的打击“藏独”反动出版物及宣传品工作会议，出版发行了《拉萨“3·14”事件真相》等重点出版物，引导群众认清达赖政治上的反动性、宗教上的虚伪性和手法上的欺骗性。

（三）坚持“三个”贴近，就是坚持好贴近实际、贴近群众、贴近生活。全区新闻出版工作努力做到“三贴近”，不断满足广大干部群众多层次、多方面、多样化的精神文化需求。

重点推出了《西藏地方与中央政府关系史》等1500多种思想性、艺术性、可读性俱佳的优秀出版物，突出唱响共产党好、社会主义好、改革开放好、伟大祖国好、各族人民好的时代主旋律，增强各族群众对伟大祖国的自豪感、对中华民族的归属感、对中华文化的认同感，增强中华民族凝聚力。精心组织出版了藏医药业、民族手工业、医疗卫生、文化教育、种植养殖的科普类500多种农牧民群众一看就懂、一学就会、一用就灵、一点就通的优秀出版物。围绕社会主义新农村和“安居工程”建设，推出了《西藏农牧民“安居工程”设计方案图集》等优秀读物。

（四）开展“四进”活动，就是开展好优秀出版物进农村、进学校、进军营、进寺庙。深入开展出版物“进农村”，积极开展优秀出版物“三下乡”活动，精心策划出版发行了《西藏沼气科普常识》《农牧民实用技术科普读本》等思想性、知识性、实用性很强的系列图书，并免费赠送基层干部群众。深入开展出版物“进校园”，继续做好向青少年推荐百种优秀出版物活动，近年来挑选3万多种、10万多册价值100万元的内容丰富多彩、品种各种各样、适合少年儿童阅读的一大批宣传爱国主义的出版物，并捐赠给中小学和幼儿园。积极开展出版物“进军营”活动，先后建立了5个军营图书室，向驻军部队、武警部队免费赠送2000种、15000册、10多万码洋的优秀出版物，不断丰富部队官兵的精神文化生活。深入开展出版物“进寺庙”活动，在哲蚌寺、色拉寺、热振寺、楚布寺、聂塘寺建立了“寺庙书屋”，配备了总价值30多万元的出版物、书架和书桌送进寺庙，积极配合寺庙爱国主义教育和法制宣传教育，发挥出版物对僧人的教育影响作用。

（五）组织“五大”战略，就是组织实施好精品战略、特色战略、人才战略、合作战略和“走出去”战略。大力实施精品战略，重点推出了《西藏历史文化辞典》等100种围绕中心、服务大局、基调鲜明、导向正确的精品出版物。大力实施特色战略，加大旅游、藏医药业、绿色食品、生态环境、民族手工业、矿产资源等特色支柱产业的一系列图书，推出了《四部医典》《藏药方剂大全》《画说西藏》等100套具有民族特色、西藏特色的优秀出版物。大力实施人才战略，抓紧培养领军人才和紧缺人才，先后举办了全系统领导干部和业务骨干3000人的业务岗位培训。大力实施合作战略，充分挖掘我区丰富的出版资源，与内地合作出版了100种优秀出版物。大力实施“走出去”战略，近几年来连续在尼泊尔加德满都成功举行以“感知中国、感知新西藏”为主题的图书展销会。同时又在印度新德里举办了图书博览会，深受当地读者和藏族同胞的欢迎。通过优秀出版物在印度、尼泊尔的大力宣传，充分展示了社会主义新西藏的新发展、新变化、新生活，有理有据地批驳了达赖集团所谓“西藏文化毁灭论”等种种谬论，让世界了解了真实的西藏、发展的西藏、变化的西藏。出版产品“走出去”得到了自治区党委、政府和新闻出版总署的充分肯定和高度评价。

（六）实施“六大”工程，就是大力实施好重点出版工程、农家书屋工程、物流配送工程、基层书店工程、印刷技改工程和西藏“珠峰”工程。组织出版了《改革发展中的西藏》等一大批反映马克思主义中国化最新理论创新成果、更好地体现社会主义核心价值的精品力作，牢牢掌握话语权、主动权，不断提高舆论引导能力。先后新建了3000多个农（牧）家书屋，平均每个书屋配送图书1500册、报刊30种、电子音像制品100种，极大地缓解了农牧民群众“借书难、看书难”问题。投资

1800多万元新建了西藏出版物物流配送中心，立体储存面积7000平方米，共有各类出版物5万多种、56万册（盘）。先后投资1008万元新建、改扩建了35个县新华书店，组织发行了一批让农牧民群众“看得懂、用得上、买得起”的优秀出版物，取得了显著的社会效益和经济效益。国有印刷企业先后投资3300多万元引进国内外先进印刷设备，进行了大规模的技术改造，重点印刷企业基本实现了印前数字化、印中高效化、印后自动化的目标。全面抓好以查堵“藏独”反动出版物及宣传品的西藏“珠峰”工程，先后查缴各类非法出版物110万件，查处各类非法出版物案497件，审结397件。

二、西藏新闻出版业存在的困难和问题

目前，西藏新闻出版事业正朝着健康、有序、繁荣的方向发展，但是由于西藏历史、地理、环境、基础等多方面因素的制约以及达赖集团和西方敌对势力的双重渗透破坏，西藏新闻出版事业的发展还存在着诸多自身难以解决的深层次困难和问题。

（一）产品生产能力严重不足。新闻出版业的繁荣发展，既是全面建设小康社会的重要内容，又是推进小康西藏、平安西藏、和谐西藏、生态西藏建设的重要保证。所有目标的实现，都依赖和要求文化包括新闻出版业的高度繁荣和发展。而我们现实的状况与全面建设小康社会的目标和要求差距很大。就某些具体指标来分析：中国社会科学院制定的《小康社会指标体系及2000年目标的综合评价》把新闻出版物的人均消费水平作为全面进入小康社会的重要标志之一。具体指标是：全国图书消费年人均7册，报纸每千人每天75份。而西藏目前的

情况是：每年人均拥有图书不足2.5册（含教材教辅），偏远农牧区人均图书不到1册，报纸每千人每天12份，期刊每人只有0.26册。从这些数字看，均与小康社会指标和全国平均发展水平有很大差距。

（二）新兴媒体发展严重不足。世界高新技术的发展，数字技术的应用和互联网的普及，带来新闻出版文化创新和传播领域的重大革命，为加快新闻出版事业的发展提供了新的手段，为新闻出版事业的变革带来了新机遇。目前，在充分运用高新技术发展新闻出版业方面，我们还缺乏主动性和适应性。全区新闻出版行业的信息化建设水平亟待提高，运用信息技术开发网络和多媒体新闻出版物的能力需要增强，运用信息技术改造传统新闻出版事业的步伐需要加快。西藏新闻出版行业至今未建立计算机网络系统，编辑出版和行政管理手段还在沿用传统办法。由于硬件建设和软件设施跟不上，造成工作节奏缓慢、工作效率低下，远远不能适应数字化和信息化时代发展的要求。

（三）印刷业发展严重不足。我区印刷、包装、复制企业的经营单位虽有406家，大部分印刷、包装、复制企业投资都在50万元以下，投资100万元以上的出版企业的经营单位为数甚少，有的投资甚至不到几万元，规模化经营与集约化经营几乎没有，未能形成规模经济，赢利能力不强。全区印刷复制业的生产结构失衡，大多数规模小、工艺落后、技术装备水平低，生产力和效益低下，产业提升面临资金与人才的制约，印装产业多数处于分散状态，导致彩印和包装装潢等高端印刷复制业务外流。经营项目与内容竞相模仿，大多停留在价格、硬件设施等低层次竞争上，缺乏服务内容的创新，尤其是没有充分开发利用藏民族优秀文化的丰富出版资源。整体来说，我区新闻出版业的发展规模小，产业门类之间的有机联系少，几乎没有像样的新闻出版产业链，更没有形成一定的产业群体，也就没有产品的规模优势。产品的科技含量低，许多新闻出版经营单位的经济效益比较差，在国内外市场上缺乏竞争力。

（四）监管能力严重不足。西藏新闻出版管理机构“缺位”问题严重。西藏地处祖国西南边陲，幅员辽阔，面积122万平方公里，占国土面积的1/8，仅次于新疆，居全国第二，与南亚多个国家和地区接壤，边境线长达4000多公里，边境口岸多，是我国通往南亚的重要门户。目前，始终无法形成系统内部完整的、上下贯通的新闻出版管理工作体系，监管职能、执法责任无从到位，实际上造成了管理执法的应付状态。其中，出版物市场监管是机构建设中最薄弱的环节。全区至今未能成立“扫黄打非”稽查大队，专项工作经费很少，致使许多市场监管工作无法开展。由于执法体制没有理顺，人少事多，监管队伍弱小造成出版物市场疏于监管，难以协调，执法无力，问题突出，出版物市场、印刷业的管理实际处于应付的状态。这正是近年来政治性非法出版物和达赖集团反动出版物及宣传品得以暗中传播、破坏社会稳定和民族团结的重要问题之一，也是新闻出版业在宣传西藏和维护稳定中存在的主要问题之一。达赖集团分裂主义势力反动出版物这几年时间愈演愈烈，这是极其深刻的教训。

（五）提高对外影响力严重不足。新闻出版对外宣传工作力度不大，主流媒体对外特别是对周边国家和地区的影响力不够。达赖集团在西方敌对势力的支持下，充当反华势力忠实工具，加紧对西藏的文化事业进行渗透、污蔑和攻击，把西藏传统文化在新时期的弘扬和现代科学教育文化前所未有的发展诬称为“灭绝西藏文化”，图书、报刊、音像制品等出版物对外宣传西藏和平解放以来重视不够。认真组织我区出版发行部门定期或不定期开展印度、尼泊尔涉藏图书、音像制品及文化艺术宣传品的展览、展销、批发、零售工作开展有一定的困难，加大开发涉藏出版物在印度市场的占有份额，不断挤压达赖集团分裂主义的反动渗透和宣传空间有待加强。对外宣传重要性的认识不足，还不能有效区别和很好做到“内外有别、外外有别”。进一步加大涉藏图书、报刊、音像制品等出版物进入尼泊尔、印度等周边国家和地区的市场发行，形成强大的辐射力，不断地占领周边国家和地区出版物市场，扩大主流媒体的影响力不够。

（六）人才队伍严重不足。人才匮乏已经成为制约西藏新闻出版事业发展的关键问题和“瓶颈”因素。人才队伍总体质量不高，总量不足，结构不合理，已经不能满足新闻出版事业发展的需要。由于西藏高寒缺氧，地处偏远，工作、生活条件艰苦，长期以来一直难以吸引、留住应届高校毕业生和专业人才。目前新闻出版局系统各类专业技术人员中，硕士研究生以上学历者仅占专业技术人员的3%；具有大学本科学历者仅占25%。管理干部和业务骨干中掌握现代信息技术、现代出版手段的人才以及懂得现代经营管理的外向型、复合型人才尤为缺乏。大部分从业人员知识老化，观念落后，开拓创新劲头不足，缺乏危机感、紧迫感，不能正确认识自己肩负的责任，与新形势下新闻出版工作的要求不相适应。

（七）出版“走出去”严重不足。近年来，西藏新闻出版工作坚持正面宣传西藏，深入揭露达赖集团的反动本质，积极开展“走出去”工作，取得了一定成效。但同时，对新闻出版“走出去”投入力量不足、发行渠道不畅、手段单一、效果有限等问题仍然突出。全国涉藏出版资源分散，西藏和各藏区呈

“各自为政”状态。譬如，各种涉藏网络出版对外宣传各自为政，内容简单重复，缺少深度和针对性，影响了网络出版效果。涉藏出版物出版发行渠道和方式较单一，宣传内容不够系统深入，出版品种不够丰富，对外宣传的渗透力和影响力还不强，出版传播能力不强，正面宣传力还较弱小。“请进来”、“走出去”的工作还局限于少数国家和地区，出版外宣活动的范围比较窄，影响相对有限。自主新闻出版外宣工作需要充足的资金支持，虽然在尼泊尔和印度开展的系列优秀出版物展览展销活动取得了突破性进展，但要进一步推进新闻出版自主外宣工作，打破西方敌对势力和达赖分裂主义集团垄断我国周边国家涉藏宣传的局面，需要中央给予专项经费支持。

（八）出版品种和结构严重不足。由于西藏地处西南边陲，自然条件较差，社会文化发展落后，群众生活水平相对低下，人口稀少且居住分散，交通不便，随着经济的发展，人民群众的物质生活水平不断提高，广大人民群众对精神文化产品的需求将迅速增长，消费能力将大大增强。同时精神文化的需求将呈现出多层次、多形式、多样性的特点。西藏图书出版社只有2家，仅占全国的0.16%；西藏音像电子出版社只有2家，仅占全国的0.4%；西藏报纸只有23种，仅占全国的1.19%；西藏期刊35种，仅占全国的0.37%。西藏新闻出版业的现实状况是：能提供的新闻出版产品和服务，无论在新闻出版物数量质量和精品力作方面，还是在多样性、多层次、个性化方面，都与全区各族人民群众日益增长的、多方面的精神文化需求不相适应。

三、西藏新闻出版业面临的发展环境

“十二五”时期，西藏新闻出版发展面临的机遇前所未有，面临的挑战艰巨复杂，机遇大于挑战。新闻出版战线要进一步增强责任感、紧迫感、使命感，抓好用好机遇，积极应对挑战，巩固扩大新闻出版发展的良好态势，在新的历史起点上努力开创新闻出版发展新局面。

（一）中央高度重视、大力度推进文化建设，这为西藏新闻出版业发展提供了重大历史机遇。

——中央从中国特色社会主义事业“四位一体”总体布局的战略高度，深入研究文化发展改革工作，提出了一系列新思想、新论断、新任务和新要求，赋予了文化建设更重要的历史使命，为西藏新闻出版业更好更快更大发展指明了前进方向。

——随着综合国力的不断增强和文化软实力的提升，我国正从新闻出版大国向新闻出版强国迈进，国家明确提出了推动向新闻出版强国迈进的战略目标、主攻方向和重点任务，为西藏新闻出版业的发展提供了基本方向。

——中央第五次西藏工作座谈会，把西藏文化建设作为重要战略任务进行专门阐述，作出重要部署，提出明确措施，要求把西藏建设成为重要的中华民族特色文化保护地，为西藏新闻出版业的发展开辟了广阔前景。

（二）“十二五”是西藏加快全面建设小康社会的关键时期，对新闻出版业发展提出了更高要求。

——“十二五”是我区深入贯彻落实中央第五次西藏工作座谈会精神，在新的历史起点上大建设、大发展、大跨越，加快推进全面建设小康社会最为重要、最为紧迫、最为关键的时期，这对新闻出版弘扬社会主义先进文化，建设社会主义核心价值体系，壮大主流思想舆论，提供强大的精神动力、智力支持和文化条件提出了更高要求。

——随着经济社会的跨越式发展和人民群众生活水平的显

著提高，人民群众对精神文化的需求日益增长，享受丰富多彩的精神文化生活的需求更加迫切，渴求知识和参与文化创造的愿望更加强烈。抓住西藏社会主要矛盾，顺应人民群众新期待，对建设覆盖全面和功能齐全的新闻出版公共服务体系，推出更多更好更加丰富的精神文化产品，传承优秀传统文化提出了更高要求。

——深入贯彻落实中央和自治区关于反分裂斗争的一系列方针政策和重大决策部署，谋长久之策，行固本之举，推进社会局势由基本稳定、持续稳定到实现长治久安，对新闻出版牢牢抓住西藏社会特殊矛盾，深入揭批达赖集团反动本质，坚决抵御国际敌对势力和达赖集团的反动思想文化渗透，打牢各族人民团结奋斗的共同思想基础，维护意识形态和文化安全，促进社会和谐稳定提出了更高要求。

——深入贯彻落实区党委、政府《关于推动文化大发展大繁荣的决定》和全区文化发展大会精神，兴起社会主义文化建设新高潮，对新闻出版深入推进体制机制改革，加快转变发展方式，提升经济发展质量和文化内涵，繁荣新闻出版事业、发展新闻出版产业提出了更高要求。

（三）“十二五”时期，是西藏新闻出版体制机制改革实现新突破、事业发展实现大跨越、产业发展实现结构调整和技术升级的攻坚时期。

——按照“深入调研，试点先行，先易后难，逐步推开”和公益性出版事业着重推进机制转换，经营性出版产业着重推进体制改革的工作思路，新闻出版体制机制改革创新取得了积极成效。“十二五”期间，根据中央和自治区推进文化改革发展的部署要求，新闻出版面临积极稳妥推进体制改革、机制创新、激发活力、增强效益的任务，需要在重点领域和关键环节上取得突破性进展。

——西藏新闻出版在壮大主业、培育市场主体和推动经营走向多元化等方面取得了长足发展，呈现出人才、资本和资源集聚效应，产生了良好的社会效益和经济效益。随着市场体系的日益完善和市场竞争的日趋加剧，新闻出版面临扩大产业规模、调整产业结构、转变发展方式的任务，需要在推进科学发展、跨越式发展上有大作为。

——西藏新闻出版高科技应用水平不断提高，产业技术升级步伐进一步加快，产品形态不断创新。随着信息技术、数字技术和计算机技术的迅猛发展，新闻出版面临发展数字编辑、数字出版、数字印刷、数字发行等新业态的任务，需要在应用高新技术推动传统新闻出版向数字新闻出版转型上加快步伐。

四、西藏新闻出版业发展战略及对策

综合分析新闻出版“十一五”发展情况及“十二五”面临的形势任务，“十二五”时期要全力推动新闻出版科学发展、跨越式发展，确保新闻出版增加值与全区国民经济保持相同的12%以上的发展速度。主要目标是：到2015年年末新闻出版总产值占全区国民生产总值的比重达到2%，人均年消费图书4册、期刊3册、音像制品4盘（张），每千人每日消费报纸75份，手机报基本普及，整体保持更好更快更大的发展态势。其中，藏文图书年出版品种增长2倍以上，总印数增长3倍以上；藏语言音像制品年出版品种增长1倍以上，总数量增长2倍以上；报刊年出版总印数翻一番，手机报覆盖全区80%的手机用户；出版物年发行（含赠阅）码洋翻两番，出版物发行网络建设覆盖全区所有县和重点口岸；印刷复制业年生产总值翻一番，生产技术装备条件达到国内中等以上水平。

（一）弘扬社会主义先进文化，推进社会主义核心价值体系建设。组织出版解读和普及中国特色社会主义理论体系，深入研究中国特色社会主义理论体系在西藏的实践，以中国特色社会主义理论体系为指导研究西藏发展稳定中的重大理论和现实问题的优秀出版物。策划推出阐释马克思主义“四观”、“两论”，宣传和弘扬以爱国主义为核心的中华民族精神、以改革创新为核心的时代精神和以艰苦奋斗为核心的“老西藏”精神出版项目。大力扶持反映科学发展观和社会主义核心价值体系的通俗读物、反映党的民族宗教政策在西藏的光辉实践和西藏发展变化的精品力作，用社会主义核心价值体系引领社会思潮，在多元中立主导、在多样中谋共识，巩固壮大主流思想舆论，构筑精神文化高地。

（二）大力繁荣公益性新闻出版事业，保障人民群众的基本文化权益。按照公益性、基本性、均等性、便利性要求，完善健全以政府为主导，以公共财政为支撑，以公益性新闻出版单位为骨干，以新闻出版公共服务重大工程项目为载体，社会力量广泛参与的新闻出版公共服务体系。积极推进公益性新闻出版单位内部机制改革创新，切实发挥公益性新闻出版单位在公共服务中的骨干作用，充分调动新闻出版企业的积极性，着力提高新闻出版产品和服务的生产能力与传播能力，提高新闻出版公共服务产品总量和质量。组织实施好少数民族新闻出版“东风工程”，重点抓好藏语文出版产品生产基础建设，全力推动藏语文出版产品的生产和供给。抓好新闻出版公共服务基地建设，着力提高公共服务能力和水平。大力推进农家书屋工程和寺庙书屋建设，实现村村有农家书屋，每个寺庙有寺庙书屋，切实解决各族群众读书看报难问题。加大县级新华书店和基层发行网点建设力度，实现“县县有新华书店”的目标。广泛深入开展全民阅读活动，在全社会积极营造多读书、读好书的浓厚氛围。

（三）大力发展经营性新闻出版产业，着力提高新闻出版业整体实力和竞争力。坚持解放思想、与时俱进、改革创新，以推进体制改革为动力，以技术改造升级为支撑，推动经营性新闻出版单位产权制度改革，完善法人治理结构，建立现代企业制度。加大对集体、民营资金组建的非公有制企业发展的支持力度，推动形成新闻出版业以公有制为主体、多种所有制经济共同发展的格局。以内容创新为重点，继续发展图书、报纸、期刊等纸介质传统出版产业；以业态创新为重点，大力发展数字出版、信息服务等战略性新兴出版产业；以技术改造、优化升级为重点，坚持发展印刷复制产业；以区域整合、连锁经营为重点，积极发展新闻出版流通和物流产业。

（四）传承优秀传统文化，努力建设重要的中华民族特色文化保护地。按照把西藏建设成为重要的中华民族特色文化保护地的目标要求，从建设中华民族共同精神家园的战略高度，传承优秀传统文化，赋予时代内涵，提升中华民族凝聚力。精心组织文物古籍保护和非物质文化遗产的出版选题，加大抢救濒临失传的手抄本、孤本、珍本等藏文古籍整理出版力度，搜集整理出版民间歌谣、故事、谚语、舞蹈、曲艺、戏曲、音乐等民间文艺，大力扶持《四部医典》《格萨尔王传》《甘珠尔》《丹珠尔》等藏文典籍的出版发行，大力扶持藏医藏药、天文历算、唐卡绘画、民族手工业等传统文化的挖掘出版，大力扶持人口较少民族文化遗产的整理出版。大力实施新闻出版“走出去”战略，广泛开展新闻出版对外交流和对外展销活动，提升西藏文化的传播力和影响力，有力驳斥达赖集团散布的所谓

“西藏文化毁灭论”。

（五）加强出版物市场体系建设，建立健全良好的市场秩序。加快出版物市场和资本市场、技术市场、信息市场等要素市场建设，形成统一开放、竞争有序、健康繁荣的现代新闻出版市场体系。加快推进新闻出版诚信体系建设，建立新闻出版业社会信用体系的基本框架和运行机制，完善新闻出版企业评价体系，规范市场竞争行为。加大版权保护力度，保护原创作品，保护权利人的权益，保护文化创新精神。深入开展“扫黄打非珠峰”工程，严厉打击“藏独”反动出版物和政治性非法出版物，严厉打击侵权盗版和非法出版活动。充分发挥新闻出版行政部门的管理职能、行业的自律功能、社会的监督作用，形成良好的市场环境秩序。

（本文写于2011年12月16日，是作者在与潘明思等人联合调研的基础上撰写的）

全面推进党的建设新要求，不断提高新闻出版系统机关党建科学化水平

“继续推进党的建设新的伟大工程”，“确保党始终成为中国特色社会主义的坚强领导核心”。7 月 23 日，胡锦涛总书记在省部级主要领导干部专题研讨班上的重要讲话，从中国特色社会主义伟大事业和党的建设新的伟大工程有机结合的高度，深刻分析了新形势下党的建设面临的突出问题，明确提出了加强党的建设的新任务、新要求。学习贯彻胡锦涛总书记的重要讲话精神，至关重要的就是要认清形势的发展变化，深刻把握党的建设新要求，以改革创新精神全面推进党的建设新的伟大工程。全区新闻出版系统广大干部群众通过认真学习，一致认为，胡锦涛总书记的重要讲话，高瞻远瞩，分析透彻，思想深刻，论述精辟，谋划科学，从坚持和发展中国特色社会主义的政治高度和宽阔视野，科学阐述事关党和国家全局的若干重大问题，深刻回答了党和国家未来发展的一系列理论和实践问题，对团结动员全党、全国各族人民解放思想、实事求是、与时俱进、开拓创新，满怀信心地为建设小康社会而奋斗具有十分重要的意义。机关党的建设是整个党的建设新的伟大工程的

重要组成部分，提高机关党的建设科学化水平，就是要推进机关党的建设制度化、民主化、规范化、科学化，在以科学理论指导机关党的建设、以科学制度保障机关党的建设、以科学方法推进机关党的建设上不断取得成效。结合新闻出版系统机关党建工作，重点要做好六个方面的工作：

一是切实把学习宣传贯彻胡锦涛总书记在省部级主要领导干部专题研讨班开班仪式上的重要讲话精神作为当前和今后一个时期的重大政治任务，迅速掀起学习贯彻胡锦涛总书记重要讲话精神的热潮。区新闻出版局党组和直属单位（党委）中心组把学习胡锦涛总书记重要讲话精神作为当前的重要学习内容，深入学习，认真贯彻。广大党员领导干部要充分发挥表率作用，带头学习贯彻。图书报刊出版单位要围绕胡锦涛总书记重要讲话的意义、主要精神等内容策划选题，做好出版发行，让全区各族干部群众及时了解和掌握重要讲话精神，使重要讲话精神真正成为各族人民推进跨越式发展和长治久安的强大动力。

二是党的十八大即将召开，这是党和国家政治生活中的头等大事。全区新闻出版工作必须在全面贯彻落实党的十七届六中全会精神中求突破、求发展，围绕迎接党的十八大、学习党的十八大会议精神、宣传党的十八大、贯彻党的十八大来展开机关党建工作。围绕新闻出版工作的总体要求，深入贯彻党的十七届六中全会和全国新闻出版工作会议精神，深入贯彻自治区第八次党代会精神和自治区党委、政府关于推动文化大发展大繁荣的重大决策部署，认真落实全区经济工作会议和全区宣传部长会议精神，以邓小平理论和“三个代表”重要思想为指导，深入贯彻落实科学发展观，按照“高举旗帜、围绕大局、服务人民、改革创新”的总要求，坚持社会主义先进文化前进方向，紧紧围绕西藏发展稳定大局，以科学发展为主题，以改革创新为动力，以重大项目为载体，以科技进步为支撑，一手抓繁荣发展，一手抓科学管理；一手抓公益性事业，一手抓经营性产业，着力推进社会主义核心价值体系建设，着力提高以藏语文类为重点的出版产品生产供给能力，着力推进出版发行体制机制改革，着力推进新闻出版惠民工程建设，着力推进新闻出版产业发展，着力维护意识形态和文化安全，为西藏跨越式发展和长治久安提供强大精神动力、智力支持和文化条件，以优异的成绩迎接党的十八大胜利召开。

三是坚持以科学制度保障机关党建工作。制度建设既是党的建设的重要组成部分，又是党的建设的重要保障。机关党的建设必须建立在科学化、制度化、规范化的基础上，才能保持其始终走在基层党的建设工作前面。因此，我们从今年年初开始着眼推动创先争优活动深入开展，大力推进深化学习实践科学发展观活动的长效机制建设，全系统各级党组织先后建立健全了工作职责、工作制度、廉洁自律制度、民主生活会制度、思想政治工作制度、联系党支部工作制度、学习制度和发展党员制度等68项规章制度，全面提升了各级党组织建设的制度化、规范化水平。着眼于发挥各级党组织和广大党员在推动新闻出版繁荣发展中的战斗堡垒和先锋模范作用，认真做好组织建设、示范创建、党群共建等工作，进一步巩固了党在新闻出版领域的领导核心地位。根据党员分布的新变化和党员活动的新特点，批准自治区新华书店组建党委，规范机关各党支部设置，新成立三个机关党支部，普遍建立党组（党委）民主生活会、党支部“三课一会”、党组织议事规则等一系列规章制度，促进党建工作科学发展。认真落实基层组织创先争优各项要求，在机关以提高党组织领导科学发展能力为重点，加强各级党组织领导班子自身建设，党组织的凝聚力和战斗力显著增强；西藏人民出版社等直属事业单位以服务基层人民群众日益增长的精神文化生活为目标，积极探索提供更多更好公共文化服务和产品的新路子，自身服务主体地位进一步确立；西藏新华印刷厂等国有企业以“四强四优”（党组织政治引领力强、推动发展力强、改革创新力强、凝聚保障力强；党员政治素质优、岗位技能优、工作业绩优、群众评价优）和“四好班子”（理论学习好、团结协作好、作风形象好、工作实绩好）创建活动为载体，大力推进体制机制改革，国有经济的控制力、影响力明显提升。坚持党建带工建、带团建，批准改选局机关、自治区新华书店工会，组织群众开展劳动竞赛、争当青年岗位能手、创建“青年文明号”等活动，以党组织和党员创先争优影响群众、感染群众、带动群众，在全系统形成了创先争优的浓厚氛围。

四是围绕维护社会和谐稳定工作，充分发挥新闻出版舆论宣传主阵地作用。根据自治区党委、政府关于维护社会稳定工作的总体部署和阶段安排，组织推出一系列反对分裂、揭批达赖、维护祖国统一、维护民族团结、维护社会稳定方面的一系列优秀出版物，特别是在“3·28”、“5·23”等时段组织报刊、网络等单位开辟栏目发表评论、刊登理论文章，切实增强主流舆论的影响力和控制力。全面加强出版物市场监管，大力推进“扫黄打非·珠峰工程”，全面封堵查缴“藏独”反动出版物及宣传品，有效维护国家安全和意识形态安全；坚持日常监管与集中治理有机结合，重点开展打击侵犯知识产权和制售假冒伪劣商品专项行动，打击盗版工具书专项行动等系列活动，进一步净化文化市场环境。

五是围绕保障改善民生问题，把保障人民群众基本文化权益作为创先争优活动的出发点和落脚点，以实施重点出版工程、农家书屋工程、东风工程、全民阅读工程、文化环保工程等五大公共服务工程为重点，加快推进新闻出版公共服务体系建设，有效满足人民群众日益增长的精神文化需求。全面完成5451个农家书屋、1770多个寺庙书屋建设任务，实现村村有农家书屋，每个寺庙有寺庙书屋覆盖的目标。每个农家书屋配备844种、2462册（盘）出版物，总价值达31333.6元，每个寺庙书屋平均配备472种、1052册（盘）出版物和10个书架，总价值达21956.6元，有效满足农牧民群众和寺庙僧尼读书用书需求。掀起全民阅读活动热潮，举办“我的书屋、我的家”——农家书屋阅读讲演活动，山南地区乃东县农牧民边巴等荣获全国农家书屋阅读演讲活动最佳创意奖。组织出版发行单位举行优秀图书让利展销，倡导开展读书日、读书征文、知识竞赛活动，营造多读书、读好书的浓厚氛围。

六是围绕推动改革发展，认真做好主题宣传出版，组织推出《马克思主义理论在西藏的研究成果》《中国共产党在西藏的执政基础研究》《安居乐业在高原》《西藏特色农牧业发展与科技支撑体系研究》等一大批服务经济社会发展的出版物和《新中国的西藏60年》《西藏的昨天、今天和明天》等一大批献礼出版物，为我区改革发展及稳定提供强大精神动力、智力支持和文化条件。积极稳妥地推进新闻出版体制机制改革，制定上报《关于推进新闻出版体制改革工作方案》《关于组建西藏人民出版总社暨国家藏文出版基地方案》。认真贯彻落实自治区第八次党代会精神和自治区党委、政府关于推动文化大发展大繁荣的决策部署，科学编制《西藏新闻出版业“十二五”时期发展规划》，明确了“十二五”时期新闻出版业发展的指导思想、基本要求、主要目标、重点任务、重点项目和保障措施，一大批项目陆续启动实施。大力发展新闻出版产业，深入挖掘西藏丰富的出版资源，统筹推进图书、报纸、期刊、音像、电子、网络、手机等媒体出版和印刷、复制、发行等产业建设，进一步壮大新闻出版业整体实力。2011年，全区新闻出版业总产出达到6.94亿元，增加值预计达到1.39亿元，同比增长12%，实现了“十二五”良好开局。

总之，我们要在继承和发展的同时，着眼于工作实际，探索新的工作方法和手段，使新闻出版系统机关党建工作更加科学化，更加贴近实际、贴近生活、贴近广大党员干部群众。深刻把握全面推进党的建设新要求，始终坚持党要管党、从严治党，以坚定理想信念为重点，加强思想建设；以深化干部人事制度改革为契机，加强组织建设；以保持党同人民群众的血肉联系为核心，加强作风建设；以坚定不移反对腐败为准则，加强反腐倡廉建设；以积极发展党内民主为基础，加强制度建设。每一位党员同志特别是党员领导干部要严格遵守党的纪律特别是政治纪律，坚决维护中央权威，在思想上、政治上、行动上同以胡锦涛同志为总书记的党中央保持高度一致，坚决贯彻党的路线方针政策，切实做到制度面前没有例外、纪律面前人人平等，建设一个更加团结统一、组织严密、纪律严明的党的队伍。我们要认真总结经验，使党建工作更上一层楼。坚持围绕中心、服务大局，坚持为民服务、群众受益，坚持活跃基层、打牢基础，坚持健全制度，以更加坚定的决心、更加有力的举措、更加完善的制度贯彻落实科学发展观，继续推进党的建设新的伟大工程。

（原载《西藏日报》，2012年10月2日第3版）

附录一

玉珍阿妈的往事*

玉珍阿妈口述

次仁央金记录整理

在旧西藏最反动、最黑暗、最野蛮的封建农奴制社会里，在三大领主的残酷压迫下，万农奴像牛马一样地劳动，创造出的财富却被三大领主所占有。劳动人民没有人身自由，领主、头人有任意打骂甚至处死农奴的权力。在这惨无人道的旧社会里，有多少人无辜地被领主杀死，又有多少人家被逼得妻离子散。那曲地区安多县查勤乡的玉珍老阿妈在旧社会的悲惨遭遇，就是千千万万劳动人民在旧西藏黑暗社会里痛苦生活的真实写照。

我（玉珍阿妈）今年就已53岁了，想到马上就要成立人民公社，真高兴啊！我想我们越活越年轻了，我们的生活一定会越过越幸福。感谢党和毛主席，使我们这些旧社会的奴隶翻

---

* 这是笔者学生时代的文章，称得上是处女作。

身得了解放，当家做了主人。一想起旧社会的苦，心里就有气，我恨死了万恶的旧社会。恨死了三大领主，这些坏蛋的统治下，我们穷苦人走投无路，逃荒要饭，过着牛马不如的生活。

在旧西藏的封建农奴制度下，天是三大领主的天，地是三大领主的地。三大领主这些害人精，把我们的百姓害苦了。我们一家也跟百万农奴一样受尽了三大领主的剥削、压迫。旧社会害死了我的丈夫、孩子，这阶级苦、血泪仇，我一辈子也忘不了。记得在我10岁那年，我们一家给两家领主放牛：租了才朱拉让的10头牦牛，朱卡拉让的4头牦牛，一年要交给他们两家28藏克①酥油。妈妈整天放牧，起早贪黑，风里来，雪里去，但是，一家人还是吃了上顿无下顿。有一年酥油收得很少，朱家的8藏克酥油凑合交上了，才家的20藏克酥油没有着落。家里穷得叮当响，哪里还能交得上20克酥油。才家看我家实在没办法，就派管家穷则到我家里。管家登门，大祸临头。穷则一到我家，就吹胡子瞪眼，恶狠狠地说："20克酥油算钱5000'都才②'，交不上，把你们家素朗昂杰送去才家去抵债，还可以给你们40'都才'"。并又皮笑肉不笑地说："这样你们孩子的生活才有指望。"随又说："人不去，20克酥油现在就拿过来。"阿爸被逼得实在没办法，哪里去弄来20藏克酥油？只好把我14岁的弟弟小索朗昂杰给才家领主去当佣人了。弟弟走后，家里生活依然穷得锅底朝天，领主说给40"都才"，可是一个子儿也没见，领主的心就是这样黑，这样狠！家里实在是没法生活了，阿爸、阿妈就带着我们兄弟姐妹逃荒要饭，四处流浪。

我20岁那年，家里来了一个人，阿爸说是舅舅。他带来了一个人，30来岁，叫达杰。阿爸、阿妈为了给我找条活路，就

① 克，西藏计量单位，音译为"克"。一藏克相当于28市斤。

② 都才，旧制藏币单位，即秤，一秤合藏银50两。

让我和他结婚了。结婚以后，丈夫有时给人家放牧，有时讨饭度日。后来，我们有了第一个小孩，是个女孩，起名措姆。本来生活就够难熬了，又添了一张小嘴，生活更加艰难，有时孩子饿得直哭，让我揪心。孩子的阿爸又急又愁，在查勤待不下去了，为了生活，就撇下我们母女俩，和邻居家的几个人一起到日喀则一带去讨饭。孩子的阿爸一去杳无音信。后来才知道，在他们去的路上，白天又累又饿，晚上挨饿受冷，睡着后来了伙土匪，抢走了他们仅有的东西，又杀人行凶，我可怜的丈夫就这样惨死在强盗的手下。孩子的阿爸死了，剩下我们孤儿寡母，可怎么生活呀！我看着孩子，泪水一个劲地流啊，可流泪又有什么用呢？还要生活！怎么办呀？当时，我们家 5 口人，15 头牦牛生病死得仅剩下 4 头，天灾人祸逼得我们一家家破人亡。生病死的牛一般都不吃的，可是我们家不吃不行，没办法。有时连死牛的肉都吃不上，我就带着孩子去讨饭，一位和我们一样穷的老阿妈对我说："孩子呀，千万不要到富人家门口去要饭，他们那里有狗，会咬人的。"我把此事给阿爸说了，阿爸说："人穷志不穷，咱再也不去要饭了，给人家放牧过日子吧！"克组乡有一家叫参培，他家有 300 多头牦牛。我就到他们家租了 10 头牦牛，一年要交给他们家 20 藏克酥油。从此，我起早贪黑地放牛，维持一家人的生活，但有时还得去讨饭。同在参培家放牧的，有一个 23 岁的小伙子，叫达嘎，家里也和我们一样穷。阿爸、阿妈说，我这样生活也不是办法，就让我和达嘎结婚了。婚后，达嘎的父亲，把 7 头牦牛及 40 只山绵羊给了我们。达嘎仍然给人家放牧，我就没去讨饭，用牦牛换粮食吃，一头牦牛能换一小麻袋粮食。牦牛一头一头地减少，到后来，加上我们原来的牦牛仅剩下 7 头了，还有 10 来只山绵羊，一家 5 口人，生活更困难了。

我看着13岁的大女儿措姆，心里难受极了。13年了，孩子没有吃过一顿饱饭，又看看两位老人，眼泪不由得流了出来。为了生活，我狠了狠心，和孩子他爸商量，把措姆送给一家叫顿珠的去当用人。当时小措姆的身价是一小麻袋青稞啊，孩子要去给他们家一辈子当奴隶。我看着青稞，看着孩子，心里难受极了，我抚摸着孩子的头说："不是阿妈心狠，不疼你，是实在没办法呀。"孩子哭了，我的心都要碎了。我恨，恨这世道！13岁的孩子要是在现在，正是读书的时候，可那时，没吃没穿，哪里还有钱读书呢？小措姆给领主顿珠家放牧，他们嫌我女儿脏，不让住在他们家里，饭也不给吃。我们就从他们家赶了10头牦牛回来放，一年要交20藏克酥油。我家当时有3头牦牛，加上那10头，一年到头辛辛苦苦，20藏克酥油勉强可以交上。我和达嘎结婚以后生了两个孩子，但两个孩子都先后病死。

丈夫和女儿给领主家放牧，领主说女儿不会放牧，白养活她，把他们家的牛都饿瘦了，就这样，把女儿赶了出来，不让我们在那儿住，我和孩子被赶回老家。我气得没办法，但也只得带着孩子，离开了丈夫，回到了自己父母身边。

几年过去了，听不到孩子阿爸的一点儿消息，父母老念叨，就让我到扎仁打听一下。来到扎仁后，我大着胆子来到领主家要人。一见到领主那阴沉沉的面孔，我的心凉了半截。领主铁青着脸说："你的人给我们放牧，偷了我们的东西，我们就用枪把他打死了。"这是什么话呀，原来说他老实，放牧好，不让他走，怎么忽然会偷东西了呢？这不明明是耍赖吗！我气极了，一句话也说不出来。过了一会儿，领主又说："你来得正好，快把他的尸首搬走。"天哪，这是什么世道，呼天天不应，叫地地不灵，入地地无门，哪儿还有我们穷人的活路啊！

难道是我们生来就苦命吗？难道领主生来就是可以随便杀人吗？是谁给他们的权力？这吃人的社会啊！两个丈夫的惨死，两个孩子的夭折，这一幕幕血泪仇恨一起涌上了我的心头。我满腔悲愤向谁倾诉？这苦难的日子何时是尽头！这仇何处去报，这理跟谁去讲？在这样的社会里，穷人有理却无处讲，领主脚一踩，雪山也要动一动啊！我一个妇道人家怎么把尸首弄走？无奈，找来我的妹妹参措。让妹夫到领主家把我丈夫的尸首弄走了。在妹妹家，我和妹妹抱头痛哭了一场，妹妹说："姐，你把孩子带过来，我们一起生活吧！"我一步一步地离开了妹妹家，走在崎岖不平、漫无尽头的山路上。大雪山上长年不断的雪水啊，何时能洗净穷人的仇恨、富人的罪恶？草原上的大风啊，再刮大一点儿，扫净这人世间吃人的魔鬼！

此时，我没有了眼泪。流了这么多年的眼泪，丝毫也没有用，泪水救不了穷人的命，要想得解放，见光明，只有靠斗争，打碎这吃人的旧社会！孩子的阿爸是1957年被杀害的。也就在这一年，我带着孩子来到了扎仁兵站，兵站里有很多解放军，我和女儿就在兵站放牧。解放军对我们好得很，又听说，解放军是来帮助西藏改革的，这时，我觉得，穷苦人翻身解放的日子快要到来了。

1959年，民主改革，百万农奴翻身了，见到了幸福的太阳。我和孩子一直在兵站生活了7年。1961年时，我和同在兵站放牧的阿果巴桑结婚了。1966年，从兵站回来，我们参加了扎仁互助组。入组时，政府给我们家分了7头牦牛，还给了10块大洋。入组后我们的生活过得越来越幸福。

现在我们家7口人，有40多头牦牛，丈夫是互助组组长。在旧社会谁也不把我们看在眼里。如果没有党和毛主席，就没有我，也没有我们一家。现在大女儿在祖国内地学习，其余的都是人民公社社员。旧社会的奴隶，现在也能来开会学习，讨论国家大事，这真是在旧社会连做梦也想不到的事！

去年，妈妈死的时候说："我没有看到公社成立，没有能过上公社的生活，没福气，你们一定要为公社的成立好好干。"我觉得母亲说得很有道理。看到周围其他乡都先后成立了人民公社，对国家贡献很大，我们乡没有成立人民公社，真是着急呀！我真担心看不到公社成立，我已经53岁了呀！现在我乡马上要办公社了，我从心里高兴。近来学习中央文件，思想觉悟提高了。要想巩固我们的幸福生活，我们就要按毛主席指导的社会主义道路走，坚决走到底！我们要不忘阶级苦，牢记血泪仇，跟着毛主席，永远干革命，积极参加这场伟大的社会主义革命运动！

玉珍阿妈对旧社会的血泪控诉，告诉我们，三大领主是豺狼，他们是劳动人民的凶恶敌人，封建农奴制是蛇窝，是穷人的地狱。只有彻底摧毁这黑暗的社会制度，劳动人民才能见到光明的太阳，过上幸福的生活，当家做主人。毛主席是我国各族人民心中的红太阳，他指引的革命道路，是我们革命人民的幸福路，毛主席的革命路线是我们的生命线，社会主义道路是我们的唯一出路，人民公社就是好！目前，查勤乡已掀起了建立人民公社的高潮，广大牧民迫切要求走社会主义道路的积极性空前高涨。他们对党、对毛主席、对社会主义制度怀有深厚的阶级感情，坚决走社会主义道路的牧民同志们，让我们共同为公社的尽快建立而努力奋斗吧！

1974年5月24日

于西藏那曲地区安多县查勤乡扎仁村

附录二

拉萨的女儿

我出生在拉萨

我叫次央，女，藏族，1956 年 12 月出生于西藏拉萨一个普普通通的家庭。我的父亲是拉萨木如寺“德珠拉让”的裁缝劳役人员。一家人就靠父亲为人裁缝得来的微薄收入来养活。母亲解放前在家干家务活，解放后参加了合作社，也成为裁缝工人。解放后家庭成分划为手工业工人。我的母亲先后生过六个孩子，两个男孩，四个女孩。老二、老三是男孩，但老二不到一个月便夭折了。父亲白天为寺庙干活，晚上为养家糊口在家里干活到半夜。据母亲说，寺庙给父亲的工钱，只有到了年底给一只羊腿、几斤酥油、几斗糌粑，具体数字我记不清楚了。当时由于家里孩子多，一家人日子过得很紧，吃了上顿没有下顿，无奈之下，父母把我的哥哥送进了哲蚌寺当僧人。每逢过年过节，父母最愁的事就是没有钱给哥哥交学费，只好送一些糌粑、酥油和牛羊肉等作为学费。母亲 19 岁那年生下的第一个孩子是我的大姐，于1947年母亲生完大姐后不久，我们家便从八廓街东北方向的居民宅（德庆绕典）院子搬迁到新木如寺背后的居民宅（曲巴岗）院内二楼。新搬的房子虽然是破旧的老房子，但比起八廓街楼梯底下的那间又黑又小的房子大了一些，采光也稍微好一些。1957年，我的父亲因病去世以后，我们一家七口人的生活重担全部压在了母亲一个人身上。因此，刚过而立之年的母亲一下子变成了憔悴苍老的女人。我的这一生没有享受过父爱和爷爷奶奶的爱，是母亲一人把我们姊妹几个拉扯大的，只是在我很小的时候听母亲说过，我的父亲是西藏非常有名气的绘画世家后裔（山南地区曲松县人），我的祖父叫乌钦·次仁。前两天我在《十三世达赖喇嘛的近

少年时代

侍——土登贡培》一书中偶然了解到了我祖父的一些事情。书中写道“在罗布林卡原地修建了典型藏式结构的坚塞颇章”。又说：“在修建的宫殿壁上尽绘内地山水人物”。坚塞颇章以精湛的雕塑、木刻和壁画艺术而著称于世。正如孔庆宗（蒙藏委员会西藏办事处处长）所说的那样，宫殿中有八仙过海和福禄寿喜图案等木雕装修，有万寿山、五台山全景图以及四喜儿童、北京颐和园等壁画，这是该建筑的总负责人土登贡培精心设计和安排的。该宫殿壁画的总体设计师乌钦·次仁嘉吴（1872 年~1935 年），人称“大胡子画师”，出生在山南埃地方一绘画世家，13 岁开始绘制唐卡，长大后加入画师行会组织“随炯”一工程，主要承担当时地方政府指定的壁画、唐卡绘制任务，先后评为乌琼（小首席）、乌钦（大首席）职称。1904 年，他随十三世达赖喇嘛经蒙古前往北京时负责绘制沿途事迹图，并学习了汉语及其他民族的绘画艺术。返藏后，十三世达赖喇嘛把绘制罗布林卡、布达拉宫等地重要建筑壁画的任务交付于他。他画的这些壁画不但在内容上反映了汉族地区的很多风土人情，而且在绘画的技巧上也借鉴了内地绘画风格。据说当年我的父亲因不愿继承祖父的事业，家里人很长一段时间不理他。我的母亲是山南扎囊县人。姥姥家族是个当地小商人。听母亲说姥姥性格既固执又倔强，当年家里要求姥姥找一个门当户对的男人，可姥姥偏偏爱上了一位没有什么名气，又爱喝酒、赌博的男人，结果被家里人赶到一间又黑又小的房子里住，后来她便与家里人脱离了关系。姥姥结婚后生下了两个女儿，其中老二是我的母亲，日子过得更艰难，母亲的姐姐生病后没有钱去治病，很年轻就去世了，后来我们的姥爷也去世了。从此，母亲与姥姥母女俩相依为命，我的母亲 18 岁就爱上了英俊能干、家境不错的父亲，而且前后为他生了六个孩子。

纪念哥哥15岁参加工作（前排左一为作者）

由于家庭生活压力太大，父亲45岁就因病去世。所以，是母亲一个人含辛茹苦地把我们姊妹几个拉扯大的，母亲后来就再也没有嫁过人，一直守寡到1999年12月底去世，享年68岁。我也知道这一切都是为了我们，母亲自己再苦再累也不愿苦了孩子，千方百计地想办法让几个子女上学，不再受没有文化知识的苦，她多么希望我们早日成长为有知识、有文化、能过上幸福生活的人。可当我们一家日子越过越好的时候，母亲她却匆匆离开了我们。她老人家在我们的心目中永远是一位聪明贤惠、朴实憨厚、心地善良、坚强正派、思路清晰、能说会道的伟大母亲。她老人家对我们从小要求很严，要我们老老实实做人，踏踏实实做事。她对共产党充满感激，常常对我们说：

“现在西藏解放了，我们劳动人民有了当家做主的权利，有了属于自己真正的家。是共产党把你们的大姐送到祖国内地学习，让你们的哥哥和二姐从小参加了革命工作。我要你们永远记住：是共产党给了我们全家的幸福生活，是共产党给了我们藏族穷苦人做人的尊严。”这是母亲的肺腑之言，我们怎能不遵循？我们记住了，请母亲放心吧！虽然父母没有为我们留下什么物质财富，但为我们留下了非常宝贵的精神财富。现在我们的家族儿孙满堂，个个都非常争气。

童年的梦

1964 年 8 岁那年我开始在拉萨市第三小学读书，从此我从幼稚顽童迈入了知识的殿堂。在小学阶段我接受着正规教育，老师们不但呕心沥血地给我们讲授科学文化知识，而且还时常教导我们从小要刻苦学习，将来成为一个德智体全面发展的祖国建设者和民族干部的接班人。事实上，我也一直按着老师的要求努力着。在思想上，热爱集体，关心同学，乐观开朗，积极向上，是老师同学们眼中的乖孩子；在生活上，热爱劳动，勤俭节约，能和同学们友好相处；在学习上，认真刻苦，学习成绩一直较好。小学二年级时我光荣地加入了中国少年先锋队组织，第一次庄严地举起了右手，鲜艳的红领巾激励着我，暗自下定决心要好好学习，天天向上，做一个优秀的少先队员。在老师的帮助下，我和同学们一起勤奋学习，积极参加学校的各项有益活动，以优异的成绩，读完了小学。小时候我是一个非常有个性的人，因为家里养不起这么多孩子，母亲把唯一的男孩——我们的哥哥送进哲蚌寺当了小僧人，害得我们兄妹一年四季都见不着几次。哥哥 15 岁还俗，在拉萨水泥厂当工人。

1971 年 8 月与上小学的妹妹在一起

我总是埋怨母亲当初为什么不把我生成个男孩，我整天把自己打扮成小男孩模样，一直到 13 岁都不留头发，喜欢戴帽子，家里有一顶我戴过的帽子一直保留到我十多岁，那顶帽子被戴得顶部都破了。我还有一个特点：喜欢当孩子王。那时我的号召力很强，到了约定时间，小朋友们会全到齐。我们的主要任务是自编自演文艺节目，观众基本上是一些小朋友。那时候我能组织相当于现在的快乐男生和快乐女生节目，我们几个小朋友能抓住如内蒙古人的肩膀、新疆人的脖子、西藏人的脚等特点编排节目，虽然汉语吐字一点儿都不准确，但还敢对唱京剧《红灯记》《沙家浜》等革命样板戏。当时我们用木炭当眉笔，大红纸当口红，每个人从家里拿来一些五彩缤纷的布料当服装。现在仍记忆犹新，回味无穷。另外，还有一件事到现在也忘不掉。我喜欢和男孩子一起玩耍，有时打架打得头破血流。有一天，母亲一直以来最担心的事终于发生了，在我 13 岁那年我和一个男孩打架，一块石头飞过来，我当场晕倒，第二天醒来时才发现，我的整个头被纱布包裹着，听母亲说差点儿送了命。当时我哥哥知道此事后急忙从单位请假回来看我，当他看到我的头用纱布裹起来的样子，二话不说，拿起家里的菜刀就往外冲，他说今天一定要把那个男孩杀死，幸好被在场的大人给拦住了，否则后果不堪设想。母亲特别生气地骂我说："你这孩子当初生你的时候就是难产，别的孩子都是十月怀胎，可你在我肚里整整待了11个月才肯出来，差点儿要了我的命。自从你来到这个世界，从未让我省心过，这么多年以来不是生病，就是调皮捣蛋，比男孩还要调皮。"听了母亲的这番话以后，我心里特别难过和伤心。因为此事，我的心里一直感到内疚，觉得自己太不懂事，太对不起母亲，对不起哥哥、姐姐们，让他们提心吊胆，为我担忧。从此以后，我变了，变得像另外一个人似的，老实、听话，学习成绩也越来越好，还梦想着当一名老师，当一名解放军战士，还想当一名白衣天使，等等。我特别希望母亲给我指点，将来应向哪个方向发展，母亲说："我最希望你将来成为一名医生，可以救治很多很多病人。"我也想早点儿长大成人，早日实现自己的梦想。

青春年华

1970年8月，我来到拉萨中学就读，告别了曾经的单纯和幼稚，我渐渐地树立起自己的人生观和价值观。除了上学读书外，我日常生活当中更多的事就是回忆我和母亲在一起时的一些生活琐事。其中我一生中记忆犹新的事情有两件：一是我14岁那年，正在拉萨中学读初中。刚上初中读书那年，我了解到我校有不少家庭困难的同学都能领到助学金。当时我也觉得自己家庭确实困难，认为我的母亲负担太重，所以觉得有必要向学校递交一份助学金的申请报告。可是我万万没有想到，母亲知道此事后对我大发雷霆，指着我的鼻子骂道："你一定要懂得我们藏族人的一句谚语（悲观失望的小鸡从小不会考虑自己如何学会上楼梯的，还有那傲慢自信的小猫从小不会考虑自己如何学会下楼梯的，意思就是人往高处走，水往低处流）。虽然目前我们家的生活确实比别人家的孩子苦了点儿，但是我们人穷志不穷，我不希望我的孩子从小养成向党、向组织伸手要钱的坏习惯。妈妈现在拼命地多干活，多挣一些钱，目的就是想让你们将来成为一名大学生、一名国家干部。"听完母亲的这番话，我好感动啊！我的母亲虽然是个农民，没有受过专门的教育，但她老人家的思想觉悟高，很了不起，对我的触动太大了。我还有什么理由不努力学习呀！她老人家还语重心长地对我们说："孩子们呀！我这辈子没能赶上像你们一样上学读书的好时机，你们的父母生活在旧西藏封建农奴制度下，在那暗无天日的旧社会里度过了青春，'上学'这两个字对我们来说太陌生，连想都不敢想呀！你们现在是祖国的未来，今后西藏的发展要靠你们。所以，我希望我的孩子们个个都有出息、有文化。我没有实现的愿望由你们这一代替我实现。你们要珍惜机会，好好学习，不辜负党和人民对你们的养育之恩，做人一定要懂得知恩图报。"她还常常说："你们以后在社会上一定要做一个正直的人，要靠自己的聪明和智慧，靠自己的双手成为一名对党和人民有用的人。"多少年来，母亲这些朴素的话语一直鼓励着我们，教育着我们。另一件事是我在拉萨中学读初三的时候，我背着母亲，通过一位亲戚介绍，利用暑假时间在西藏军区一个军官家里临时当保姆。记得他们家当时住在现在的区发改委院内，被作为文物所保留下来的那些小别墅里，女主人是个汉族同志，北方人。他们家的孩子很乖，是个小女孩，也很喜欢我。我带他们家的孩子一个多月了，他们对我的工作很满意，希望我接着带，可是我们之前就已有约定，就是放假期间带孩子的。一个多月之后，我只好说对不起，现在开学我该上学去了。否则，我母亲会骂死我的。临走之前他们问我："你一个十四五的花季少女，为什么带孩子这么有经验？"我就把详细的经过告诉了他们。"'文革'期间，我母亲曾经给西藏藏剧团的一对文艺工作者夫妇免费带过一段时间的孩子。当时，他们工作特忙，经常要下乡演出，孩子没有人带，就放在我们家。我们全家人都忙个不停，就这样，久而久之我学会了带小孩。那时候，西藏藏剧团、话剧团、豫剧团等好几个文艺团体都离我们家很近，他们中的很多艺术家是我母亲的顾客，因为那时生活条件都不好，衣服需要缝缝补补的人也相对多一些，再加上我母亲的针线活儿特别细，因此活儿很多。母亲善良淳朴，工钱人家给多少就收多少，从未发生过因做工问题而退货的事情。那时，我是母亲的好帮手，放学回家的第一件事就是把母亲做好的衣服送到顾客家里去。衣服有新做的，有缝缝补补的，就这样，我们家和很多文艺工作者成了朋友。"他们听了我讲的小故事后，很感动，嘱咐我要好好学习，将来成为对西藏有用的人才。还发给了我一个多月以来的 30 元工钱。那个年代一个中学生能为家里挣 30 元不容易。当我兴高采烈地把钱捧在手里展现给母亲看时，本以为母亲一定会很高兴地接受并夸奖我。可是万万没有想到，母亲不但没有夸奖反而骂了我一顿，并且非常生气地对我说："你是一个目光短浅、没有出息的人。"当时我感到很委屈，但我心里非常清楚母亲是怕耽误了我的学业。一年之后，部队的那位军官夫妇有一天突然来到我家，求我母亲让我帮他们再带一段时间孩子，还承诺将来帮我找工作。可是我母亲婉言谢绝了，并且嘱咐我一定要一心一意读好书，以后学校放假了要我老老实实待在家里补习功课。从此，我更加努力学习，希望自己早点儿长大成人，好早日报答母亲的养育之恩。

1972年，16岁的我被所在居委会保送到陕西省咸阳市西藏民族学院语文系学习。在那个园林似的校园里我开始对生活有了更深一层的思考，也是在那里找到了属于自己的一片天地。在那四年的宝贵时光中，我独立自强，勤奋好学，书籍成了我的精神寄托，图书馆成了我另一片栖息地。因为，我的班主任唐老师常常教育我们说，读书可以点燃希望，也可以让我们摆脱贫困。我相信老师的话，书里藏着我的希望。我也成了一个对生活充满希望和憧憬，乐观开朗、积极向上的孩子。与同学们共同进步，友好相处，为了同一个目标而互相帮助，互相激励，并找到了友谊的真谛！而老师们对我的用心培养更给了我很大的支持和影响，让我逐渐树立起正确的人生观和价值观。随着知识的增多和年龄的增长，我在思想上逐渐懂得了，青年人要成长进步必须靠近团组织，主动接受团组织的教育和培养，并刻苦学习政治理论和科学文化知识。尤其随着政治历史课程学习的深入，我明显感到自己在思想上有所提高，开始深入了解祖国的历史、西藏的历史。通过学习了解到祖国的灿烂文化，从1840年鸦片战争到1949年中华人民共和国成立的百年时间里，在中国的土地上，经历了许许多多侵略与反侵略、奴役与反奴役、压迫与反压迫的历史事件，它们如实地记载了外国列强对中国人民犯下的滔天罪行；如实地记载了革命和进步力量与反动势力的殊死较量；如实地记载了中国共产党人领导全国人民进行民主革命并取得最终胜利的辉煌历史。还懂得了西藏作为以藏民族为主体的少数民族聚居区，自古以来就是伟大祖国不可分割的重要组成部分，其命运和祖国的命运息息相关。和平解放、民主改革和西藏自治区成立，使西藏各族人民摆脱了帝国主义的侵略和羁绊，摆脱了黑暗落后政教合一的封建农奴制度的压迫和剥削，翻身解放成为国家和社会的主人，与全国各族人民一道走上了社会主义革命和建设的道路，实现了社会主义制度的历史性跨越和经济社会的跨越式发展。更懂得了党的领导、社会主义制度和民族区域自治制度，是西藏发展进步和各族人民幸福生活的根本保证。正是在党的领导下，走社会主义道路，实行民族区域自治，西藏各族人民当家做主，实现了各民族的平等团结和共同进步。通过学习深刻认识到，没有共产党，就没有社会主义新西藏，就没有各民族之间的平等团结互助和谐，也就没有我们一家的今天。因此，进一步坚定了跟党走的信心和决心；深刻感受到，只有社会主

在西藏民族学院学习期间参加篮球比赛

义，才能救西藏和发展西藏，才能把各族人民的力量凝聚起来共同建设美好的家园；深刻感受到，社会主义制度的优越性和社会主义大家庭的温暖，进一步坚定了走有中国特色社会主义道路的信念；深刻感受到，只有民族区域自治制度，才能保证西藏各族人民当家做主，充分行使管理国家事务和自主管理本民族本地区事务的权利，符合西藏各族人民的根本利益，进一步增强了坚持民族区域自治制度的自觉性和坚定性。

1974年3月，学校组织语文系80多名同学分几个分队分别在西藏那曲地区安多等县进行西藏民院赴藏开门办学活动。同学们坚决拥护学校的安排，积极参加各项活动。当时组织把我分到第一分队（安多县查勤乡扎仁村，海拔4500米以上）参加社会实践活动。我们分队有两位老师、十多位同学，分队又分了几个点，每个点上由两三个同学组成一个小组。那时候

17岁在那曲安多查勤乡下乡

我们都是十七八岁的青年，精力充沛，生活适应能力强，虽然那里的生活条件很差、很艰苦，但大家为了完成组织上交办的任务，和牧民同吃、同住，虚心向老百姓学习，顺利完成了组织安排的各项任务。在牧区下乡期间，真正感受到西藏地广人稀、居住分散的情况，我们从一个村走到另一个村要花几个小时甚至一整天时间，而且一个村里只有几户人家，对我们体力和时间消耗很大。我们入住查勤乡扎仁村时，我们小组成员中的一位是男同学，两位是女同学，但村里只安排一顶帐篷给我们住，送我们的老师怕我们有想法就来做我们的思想工作。他说，村里腾不出两顶帐篷，并且就这一顶帐篷，连住人做饭都在这里，我们不能给村里添太多的麻烦。老师还开玩笑对我们说："你们要有思想准备，到了晚上别哭鼻子啊！"我们几个异口同声地对老师说："请老师放心，我们不仅做好了吃苦的思想准备，而且有决心一定完成好组织交给我们的任务。"后来听那里的牧民说，他们在一年内要搬四次家，分夏季牧场、冬季牧场等，目的是为了让牛羊吃得更饱，牲畜成活率更高。我们慢慢地理解了他们，也逐步习惯了这里的生活。当时我们除了要完成组织上交给我们的社会调查工作，成立西藏最后一个人民公社的任务外，还要撰写理论与实践相结合的调研报告、牧区生活体会等材料。在这里学习、生活期间，老师和同学一起向广大老百姓学习，向社会学习。早上一起来就能看到的蓝天白云，空气更清新，山上的草慢慢绿了，每天能采到各种各样的野花，还能拣到珍贵的黄蘑菇、白蘑菇等。我们大家每天轮流做饭，轮流洗衣服，就跟一家人一样。在那段时间里有两件事我一辈子都忘不了：一件是有一次分队要组织大家集中学习传达学校的有关精神，让各分队的老师和同学立即动身赶往分队总部。我们三个人一大早从老百姓那里雇了三匹马赶往分队总部。走啊走，走到另一座山时突然下起了雪，雪越下越大，看不清山间小路，走了老半天还是走不到目的地，我们迷路了，在雪山上转了又转，最后还是转回到离我们住处不远的地方，这时天已渐渐黑了。那天晚上我们只好住在老百姓家里，第二天才回到了我们的住处。我们几个人实在是没法再去分队总部了，因为我们三个人都得了雪盲，整整三天睁不开眼睛，什么也看不见。当时我们没有过雪山的经验，谁也没有戴墨镜，后来才知道过雪山必须戴墨镜，否则就会得雪盲。我们以为以后再也睁不开眼睛了，我们相互抓着对方的手问："今后我们的生活怎么办？我们的人生之路怎么走？"然后抱在一起痛哭，想家，想老师。当时附近的老百姓听到我们的哭声后立即赶来，村干部派人找分队领导报告我们的情况并安排有经验的人照顾我们。还嘱咐我们不要着急，要我们放心，这个病他们有办法治好。他们一边帮助我们用土办法治疗，一边又帮我们洗衣服，因为几个月没有洗澡，全身长满了虱子。当时听一位阿妈说她把我们三人的衣服放在了一个大锅里，用牛粪煮了整整一天才洗掉那些虱子。我们得救了，是当地老百姓救了我们。几天后我们终于睁开了眼睛，村长还送我们每人一副墨镜，同时还嘱咐我们今后出远门一定要通知他们，他们可以派人为我们带路，我们感动得流出了眼泪。

另一件事就是我们住过的帐篷曾三次被大雪压住，第一次帐篷塌时我们相互猜测肯定是有老师或同学给自己加盖了被褥，觉得沉甸甸的，原来是下了一晚上雪所造成的，把我们几个弄得翻不过身，喘不过气。后来类似的情况连续发生三次以后，村里很多群众过来帮助我们把帐篷搭得更牢固。那时我们三人一边工作，一边抽空补习文化课，汉族同学给我们藏族同学补习汉语文课，藏族同学给汉族同学补习藏语文课。我的汉语水平从那时开始渐渐有所提高。因此，产生了在牧区学习锻炼期间一定要写作一篇汉语文章的念头。有了目标以后，自己开始利用在牧区搞社会调查的时机写了一篇6000余字的《玉珍阿妈的往事》。这是我第一篇用汉语写的文章，是我的汉语处女作。虽然整篇文章写得不是特别通顺，很多地方语句颠三倒四的，而且错别字也多。本来很有意思的群众谚语，我用汉语翻译过来，意思表达不是特别准确，但经过同学们认真修改后，一篇完整的文章出来了。后来这篇文章刊登在了学校《开门办学》海报上，得到了老师及同学们的好评。我最兴奋的事就是我在那里学习锻炼期间光荣地加入了中国共产主义青年团组织，当我在团旗下和同学们举起右手庄严地宣誓时，心潮澎湃！我暗下决心：一定要好好学习，全面发展，在各方面都要起模范带头作用，把自己培养成为跨世纪的社会主义建设者和接班人，将来为我区的社会主义现代化建设贡献自己的全部力量。那年的7月至11月我们这批同学还参加了拉萨市曲水县达嘎乡才纳村社会主义再教育活动，在那里除了宣传党的路线、方针、政策外，还参加了挨家挨户登记人口、财产，重新丈量土地等活动。一年后我们结束了在西藏学习锻炼的整个活动并安全返校继续学习文化课。现在回忆起来觉得还是很有意思的，不管在那曲，还是在曲水，我们在那里学习、生活、工作，整整待了一年，和那里的老百姓难舍难分。现在想起来真遗憾，当时如果有照相机、手机什么的，就可以留下很多很多历史资料，让我们的后代也了解一下我们年轻时的一些工作、生活经历。

军营生活

1975年6月至7月，我们班40多名同学参加西藏开门办学活动回学校后不久，学校安排我们补两个月的军训课。我们从学校坐汽车前往甘肃省兰州市平凉某部队，我和十多名同学被分到二班加三连接受军事训练。我们出发之前学校专门给我们讲授了许多关于学生军训的重要意义，我们懂得了学生军训是培养学生德智体全面发展的需要，是为培养合格人才而采取的一项重要措施。也懂得了学生军训是加强国防后备力量建设的需要，使学生们牢固树立国防观念，掌握一定的军事知识和技能。两个月的军事训练，对我们进行了爱国主义、革命英雄主义和人民军队的传统教育，激发了我们的爱国主义热情，增强了建设祖国、保卫祖国的责任感。我们军训活动方案明确了三点目的：一是强化纪律观念；二是强化团队意识；三是强化国防意识。回味两个月的军训生活，让人感受颇多：

（一）定型站军姿、立正稍息跨立、向右转、向左转、向后转、齐步走、正步、跑步等一些非常基础的东西。这些看似很简单，但要做到非常整齐绝非易事。我们的教官魏班长对我们训练非常严厉，一旦做不好动作就让你出列，直到让你明白才允许入列。就这样我们还常常闹笑话，比如下达了向右转的口令，做出的动作却是向左转；齐步走第一步迈右脚，摆右臂，出现同手同脚的现象。弄得大家都纷纷地大笑起来，而自己却莫名其妙，直到教官喊停纠正，才明白是怎么回事。两个月的军训让我们觉得受不了，但让我们明白了服从命令是军人的天职，面临牺牲坚守的是勇气，是使命。

（二）学习装卸枪和打靶技术。不管怎么说我来自西藏拉萨，多多少少有些城市娇生惯养的坏习惯，在一定程度上还存在一些怕吃苦的思想，刚到部队时觉得既新鲜又胆战心惊，特别是一看到枪，心里就哆嗦。更可笑的是教官让我们趴在地上从学闭左眼瞄准靶子开始练习，当时我怎么学都学不会闭左眼，结果第一次正式训练时，教官给我们每人发了一支冲锋枪，还给每人发了10发子弹，要我们先单打4枪，然后连发6发子弹，每人达到50分就算及格。可我前面的同学开枪时把我吓得连枪都抓不紧，结果轮到自己开枪时环环是空的。这时魏班长把我单独叫出来，不但没有骂我，反而耐心地对我说："下次练习时我不想再看到你今天的这个成绩。"这时我吓得浑身发抖，也觉得在同学面前不好意思，更对不起教官。经过一段时间的反省和努力，果然，第二次打靶时取得了优异成绩，连自己都不相信自己怎么会一下子打出了四个十环，这时班长第一次给了我一个微笑，并鼓励我继续努力。

（三）在部队，在军营，是少不了军歌的。食堂用餐、礼堂开会、集体活动等，处处可以听到嘹亮的军歌。没有军歌，让人感觉缺少了什么。所以，教唱军歌是我们军训期间早晚饭后的主要节目。我们前后跟解放军学唱了十多首军歌，其中就有非常熟悉的《学习雷锋好榜样》《团结就是力量》《打靶歌》等。唱军歌，让我们从中体会到唱军歌必须要全身心投入，声音发自内心。唱军歌让人振奋，给人力量，给人勇气。唱军歌，也能感受到军人的执著。我们的到来也给部队增加了一些新内容，我们发挥西藏学生能歌善舞的优势，为解放军同志唱歌跳舞，有时合唱电影《英雄儿女》主题歌。两个月的军训，彼此间也建立了深厚的感情，体现了军民鱼水情，增加了军民感情。

两个月的军训结束后回校不久，我怀着十分激动的心情向党组织递交了一份入党申请书，我记得那时我的入党申请书是这样写的：我自愿加入中国共产党，成为一名光荣的共产党员。因为中国共产党是中国工人阶级的先锋队，是中国各族人民利益的忠实代表，是中国社会主义事业的领导核心。党的最

作者从西藏民族学院毕业三十多年后重返母校时与老师合影

终目标是实现共产主义。作为一名入党积极分子，首先要解决为什么要入党的问题。因为入党动机是激励我入党的主观原因，从根本上决定了作为一名党员应具有的素质和行为，也是一个人世界观、人生观的集中反映。其实正确的入党动机的形成并不在一朝一夕，而是在我三年多的学习、思考中渐渐地体会到的。刚递交入党申请书时，是因为看到别人写入党申请，如果自己不写，怕老师、同学说自己不要求进步，但是其间的所写却都是从书上、从党员同学那里抄来、学来的。其实那时的我对我们的党还缺乏真正的认识，尽管上过几次党课，但对党还知之甚少，思想上并没有迫切要求入党的愿望。这是一种对党、对个人都不认真、不严肃的政治态度。后来大学毕业前夕，看到有的同学入了党，在同学中有一定的威望，自己羡慕不已，于是赶紧又写了一份思想汇报，期盼有一天自己能获此荣耀，得到精神上的满足。其实这还是一种入党动机不纯的表现。入党不是用来向别人炫耀的，更不是用来满足虚荣心的，而是应该踏踏实实为党奉献，全心全意为人民服务，在学习和生活中发挥先锋模范作用。

1976 年 1 月我毕业了，并留校工作。工作的第一年，有更多的时间和机会接触身边的党员，政治视野也得到了开阔，希望自己也能早日加入到党的组织，做一名优秀的党员，我觉得入党前最重要的就是要正确和全面地认识我们的党。这已是第三次产生的入党动机，又三次被自己否定，我的思想仿佛又活跃不起来了，我怕再走错了方向，绕了弯路。此时，我大姐的来信给了我很大的启示。平日里，我最喜欢与大姐探讨思想问题，因为大姐最了解我，她对我的反复转变并不惊讶，反而给予了赞扬。她说，入党是自己的事，而且与学习一样，重要的是要提高独立思考的能力，要实实在在地用党员的标准来要求自己才行。经过不断地学习和努力，我始终贯穿着自己是入党积极分子的思想，集体活动我都积极参与，和大家积极配合完成任务。由于自己的努力，学校也给了我最高荣誉“模范共青团员”称号。后来由于工作需要，学校派我到西藏昌都地区波密县西藏民院医务系扎木教育基地工作，我的主要任务是给乡村赤脚医生当翻译，有叶教授上的西医课，有杨教授上的中医课，还有王老师上的外科课等。

那时，我刚毕业不久，没有工作经历，文化基础差。当时在课堂上老师给赤脚医生们讲课要我直接翻译，可把我急坏了，医学专业术语别说翻译，我连懂都不懂，怎么办？只有赶鸭子上架，克服一切困难从头学习。还要做到翻译准确，别人能听懂才行。因此，每次上课之前我都把主讲老师的讲课内容提前拿到，再进行认真备课，做到自己不懂的词语查翻译词典，找医生问，直到自己弄懂，这样在课堂上就容易了很多。这件事对我来说难度比较大，但为了让赤脚医生们学得更好，更好地掌握医学知识，我责任重大。对我来说，这是一门崭新的知识，但同时也圆了我多年以来想当一名医务工作者的梦，虽然不是真正的医务工作者，但在给赤脚医生当翻译的同时自己也多掌握了一门新的知识。当时我最喜欢中医课的翻译，期间中医老师想让我重新上医科大学，改行当一名中医大夫，可是正在我犹豫不决的时候，1978 年 8 月底学校组织部通知我和另外一名女老师参加自治区百名干部下基层工作组的工作。任务是在西藏昌都地区搞社教，时间为一年。当时我本应在教育系统负责报道工作，但由于区党委宣传部派来的十几名干部基本上都是汉族同志，需一名藏族同志配合，就这样把我抽到宣传口。他们当中有部长、处长、干事，来自全国各地。组织上临时决定派我到宣传系统工作组担任翻译工作。我们骑着马，把行李放到牦牛背上整整走了一天的路，晚上才到了昌都县萨贡区萨贡乡。大家都觉得很累，没有心思再做饭，吃了一点零食就休息了。几天后，我和同志们的关系就很融洽了，工作组的领导和同志们把我当成自家人一样，在政治上精心培养我，在生活上无微不至地关心照顾我。只是刚开始开展工作时，那里的老百姓说的话我基本听不懂，每次开会传达上级精神，压力特别大，而且整天生活在工作组的男人堆里，刚刚 20 出头的我不知所措，在生活上很不方便，在心理上感到特别的别扭。当时虽然年轻，但比较理智，默默地自我鼓励：央金，当初你向组织承诺的事一定要做到，既来之则安之，从明天开始就要认真学习康巴语，向当地群众学习，向身边的工作人员学习，你一定能行的！一定要加油噢！在此期间我克服了很多困难，认真履行自己的职责，除了发挥工作上的特长外，还积极发挥在学校所学到的义工特长，比如为老百姓理发；给妇女同志上卫生课，如有头痛、关节炎、腰痛的病人给他们“针灸”，发一些治疗常见病的药品；孩子们来了给他们上藏语课，等等。当时随自治区领导看望工作组的自治区人民医院谢大夫一行来到我们点上，了解到我的情况后对我表示称赞，走时把他们的医药箱和很多药品留给了我，让我继续为老百姓服务。日子久了，那里的人们渐渐地喜欢上了我，愿意和我交流，甚至夫妻俩闹别扭了，还让我去协调。有的人给我送这送那的，但我们工作组有规定，在老百姓家里吃饭喝茶必须给钱，不许给老百姓添加任何麻烦，不许拿老百姓的一针一线，这都让我想起了西藏和平解放时解放军的铁的纪律。这样很好，能够很好地在群众中树立我们共产党员干部的形象。我们工作组的全体同志都很自觉，除了完成好本职工作外，还主动为老百姓做一些帮扶的工作，把工作做到老百姓的心坎上。

一年以来，我们的工作开展很顺利，也得到了上级部门的好评。工作结束了，回去之前，工作组的全体同志除自己身上穿的那套衣服外，其他衣服全留给了当地群众。工作组的同志们和那里的老百姓建立了深厚的感情，上级要求尽快返回各自工作岗位，可是我们舍不得离开这个地方，舍不得离开这里的老百姓。毕竟我们在那里待了整整一年的时间。在下乡一年的时间里，我从未去过地区和县里一趟，连我自身用的妇女专用物品都是工作组和乡干部给我捎过来的。我想，我在这里工作时间毕竟很短，我除了要完成好工作组的任务外，还要为老百姓多做点儿自己力所能及的事情。由于在工作组工作期间表现突出，工作积极，同志们一致同意我为入党积极分子。我也利用业余时间系统地学习了党章和党的基本知识，积极参加党课学习小组的活动，阅读了《共产党宣言》《论共产党员的修养》

等书籍，还定期向党组织和入党介绍人汇报自己的思想，并积极参加当地党组织举行的有关活动：上党课，参加党课学习小组，参加党员发展会等。所有这些行动对提高自己的思想认识起着重要的作用。我明白以实际行动争取入党，必须持之以恒，从申请入党的那天起，就以正确的态度和真诚的努力争取早日成为一名名副其实的共产党员。我抱着为共产主义事业奋斗终生的决心，时时处处用党员的标准严格要求自己。我也清楚，作为一名翻身农奴的后代，一名共青团员，朴素的阶级感情，并不能代替一个共产党员应该具备的共产主义觉悟，组织上入党一生一次，而在思想上入党一生一世。要做到从思想上入党，的确不是一件容易的事情，不是喊几句口号、说几句大话就行的，而是要进行长期而艰苦的努力。我迫切要求加入党组织，但是，我知道，自己距离一个无产阶级先锋战士的标准相差很远，但我有决心努力缩短这个差距，按照党章中的规定严格要求自己。

我没有辜负我的母亲、我的老师和同学们的希望，踏踏实实地工作学习。我深深懂得，一个人只有树立正确的人生观，树立远大理想，才会生活得更有意义。从此，我以更高的标准要求自己。在思想上积极进取，努力向党组织靠拢，认真学习马列主义、毛泽东思想，学习党的章程，不断地锻炼和提高自己。党组织考验我，帮助教育我，在结束工作组的工作之前，经组织批准同意，我成为一名中共预备党员。

我的家庭

我的家庭是当今社会无数普普通通家庭中的一个，一个和睦而充满幸福与温馨的四口之家，虽然不十分富裕，但是很快乐。我们一家共四口人——爱人、我、大儿子、小儿子。我的爱人主管家里的财务工作。他的爱好是看书、上网、炒股票等。另外，他烧的菜堪称一绝，他烧的菜色、香、味俱全，让人看了就有食欲，特别是两个儿子到内地上初中、高中到大学期间，每次放假回家前在电话中念叨的事就是想吃爸爸做的美餐。何况我自己也是一年要去内地出差好几回，每次出门在外时间一长，就很想早日回家吃上爱人做的饭菜。我的爱人很有智慧、很有才华而且非常幽默。他现已退休在家，在家里忙完他的事后，每天变花样地给我们做饭吃。他怕我们累着、饿着，尽力想办法为我们加强营养。每天早晨给我们打完酥油茶后，还给我们每人煮一杯热牛奶和一个鸡蛋。在我家里，总是充满祥和的气氛，我们一家四口和睦相处。我和爱人的感情非

2011 年 12 月在中央党校学习期间参加联欢会

常好，几乎不吵架，他说话很幽默，总是逗得我和孩子们哈哈大笑。他的知识面很广，当孩子们从外国文学问到中国文学、某个历史问题时，他都能对答如流，等孩子们查词典核对后，基本上无差错，他在孩子心中威信很高，我虽然也尽力了，但总是比不上他。每当全家人坐在一起吃饭时，他就开始了他的长篇大论，天天教育孩子们要好好学习、天天向上。孩子们虽然天天听会烦，但是都知道爸爸是为他们好，所以两个儿子都非常爱他们的爸爸，也很爱我。我们的两个儿子也很争气，老大 2003 年考上了东北大学土木工程学院并已毕业参加工作。老二 2009 年考上了北京师范大学汉语言文学院。哥俩每次从内地放假回来都会反复地说："爸妈，我们想死你们了！你们想我们吗?"我们夫妻俩会异口同声地回答："当然想了!"这时哥俩就会抱着我们夫妻俩，在我们脸上重重地亲几口，然后再汇报他们在内地的学习、生活等情况。我们夫妻与儿子既是父子和母子关系，又是朋友关系，相互之间非常信任，什么话都说，遇到问题就发挥集体智慧想办法解决。我们的两个儿子是家里的开心果，每当爸爸、妈妈不高兴了，他们俩就会跑到我们面前逗我们开心。我们一家在家里基本没有不开心的事，每天都乐呵呵的。我们俩非常非常喜欢我们的两个儿子。家是每个孩子成长的摇篮，是每个孩子栖息的港湾。等他们成家立业了，希望他们称心如意、幸福美满。我有一个温馨、幸福、快乐、和睦的家。我爱我的家。

珍惜机遇，锻炼和提高自己

我从昌都回拉萨后不久（1979 年年底），自治区党委宣传部把我借调到部里工作，1980 年办手续正式调到部里工作。在部里整整工作了23年，那里是我的娘家，是我人生成长过程中经历最多、回忆最多的23年。从此我的人生有了转折性变化，从教育系统转到意识形态领域工作，而且一直工作到四十多岁后组织给我安排了新的工作岗位。1987年和2002年分别在党校学习过两次，1995年和2007年分别在北京大学国际关系学院和美国纽约大学进修学习。2003年，我在四川省工商管理学院MBA西藏班读完硕士研究生课程。特别是我做梦都没想到，进入不惑之年，被组织两次分别选送到中共中央宣传部和国家新闻出版总署挂职锻炼。一个是中共中央直属部门，一个是国务院直属部门，是国家重要的宏观经济管理和微观经济管理部门，是最高级别的社会大学。因而我十分珍惜每次机遇，全身心投入到学习、工作中，锻炼驾驭宏观管理和微观管理的能力。虽然每次挂职锻炼时间仅半年，但却是收获最大、感受最深的半年。特别是在挂职锻炼期间产生了以下三个方面的感悟：

1980年3月8日与自治区党委宣传部的女同志在一起(前排右一为作者)

感悟之一：要真正达到学习锻炼的目的，必须自觉遵守挂职锻炼单位的规定，必须把学习放在第一位，尽快进入角色。感悟之二：要真正达到学习锻炼的目的，必须选准学习突破口，必须身体力行，获得部门同事的认同。感悟之三：要真正达到学习锻炼的目的，必须勤学习、勤思考，必须将所学到的知识与本职工作联系起来。

今天我所取得的成绩，跟党的培养和身边领导与同志们无微不至的关怀和爱护是分不开的，我这辈子需要感谢的人太多、太多。所以，只有用自己的实际行动为党和人民的事业多作贡献，才能对得起曾经帮助过自己的领导及同事，包括我的母亲。

自参加工作以来，我通过不断的努力学习在思想政治、管理工作等各方面取得了一些成绩，现我以一名公务员的身份对参加工作以来的工作经历和个人成长进步进行一次总结，以指导自己在今后的人生道路中更好地为人民服务。

一、虚心学习，强化职业理想

1976 年至 1978 年，我从西藏民族学院毕业后留校工作。并在西藏波密县西藏民族学院扎木教育基地工作三年。在这三年的学习生活中，我对教师这一职业有了较为清晰和正确的认识，认识到教师工作是光荣和伟大的，同时又是辛苦的，要想成为一名合格的教师，不但要具备渊博的科学与文化知识，同时还必须不断学习，努力提高自己的教学能力和知识水平。在这三年当中，在自己的努力和老师们的悉心帮助下，我学到了很多课本上学不到的东西：如何备课？如何分析教材？如何突出重点？如何突破难点？怎样才能激发学生的学习兴趣？如何编写教案？如何处理课堂上师生的关系，等等。这所有的宝贵

2006年在美国学习期间

经验都为我以后更好地开展工作创造了有利条件。此外，从很多老师身上我还学到了严谨的治学态度、先进的理念、实事求是的优秀品质，这对强化自己的职业、思想起到了重要作用。

二、在摸索中前进

自从调入自治区党委宣传部工作后，我在党委部门正式开始了公务员生涯，迎来了自己能够与领导层接触的机遇。在日常工作中，我认真钻研，学习党政机关干部应具备的一些课程，认真积极进行实践，努力缩小理论与实践之间的差距，虚心地向有经验的同事学习，学习他们的优点，使自己在工作中少走了不少弯路。期间，组织还派我到西藏大学藏语系学习古藏文，在西藏日报社藏文翻译组实习。与此同时，我还先后承担了部里机关党委组织委员、青年委员、纪检委员等职务。这几年，我凭借年龄的优势和饱满的工作热情与同事们打成一片，形成了良好的同事关系，成为同事的知心朋友。

三、勇于进取，敢于开拓

工作压力最大，同时进步最快。我分别在宣传部宣教处和新闻出版处工作，期间，随分管部长一起参加过全国高校思想政治工作会议，这是我有生以来第一次到首都北京开会，更是第一次参加全国性的会议。当时自己没有更多的工作经验，有点儿紧张。这时部长时刻照顾我，他手把手地教我如何准备会议意见，怎样撰写会议汇报材料，等等。并在生活上无微不至地关心我。几年的工作经历，感觉自己是个非常幸运的人，不管在哪个部门工作，不管走到哪里，我都能遇上好领导、好同事。也结交了很多汉族朋友、藏族朋友。我认了很多很多汉族大姐、大哥、弟弟和妹妹，我在他们身上学到了很多优良品德，学到了刻苦精神和敬业精神。我在他们的帮助下各方面进步很快，提高了工作能力，提高了文化水平。同时经过自己的不断努力，能够独立开展工作，组织交办的各项工作任务能积极完成。通过不断的学习积累了一些经验，逐步对个人成长进步问题有了粗浅的认识：一是要做到个人前途与国家命运统一，把个人融于集体中，互学、互进、互相提高。集体好了，个人就好。一定要高标准、严要求，领导交给自己的工作，自己不满意之前决不上交。我要做到“经一事，长一智”，不希望自己“吃一堑，长一智”，不做有损于集体和同志的事，更不能做伤天害理的事。二是正确处理学和思的关系。永远也不能放松学习和思考，在学习和思考中不断进步。逐步认识到“学而不思则罔，学而不考则殆”。三是正确地从中吸收经验，从过中总结教训，予以纠正。个人进步过程中必须不断地总结，正确对待功和过的问题，功和过都存在主观与客观问题，我们的工夫要下在找主观原因上，一个总是喜欢从客观上找原因的人永远也进步不了，人要有点儿压力，才能有所进步。四是要正确对待批评和荣誉，要树立正确的心态和坚强的意志。多年的工作经历不断总结出这样一个道理：领导同志批评你，不带偏见的批评完全是爱护你的，不能认为领导批评就是个人存在问题，领导同志批评下属也要讲究领导艺术，我认为只要不涉及个人人格问题、原则问题，我们作为具体办事的人来说应该有健康的心态，这样的人才能不断进步。五是努力学习、踏实工作、顽强拼搏的精神，不辜负党和人民的重托，经常自己给自己进行评议，压力大时是退下来，还是上去？苦点儿、累点儿都不怕，要按照领导的意图办事，再大的压力也要自己努力干，人生难得几回搏。要下定决心确定自己的人生价值，不断地创造条件，实现自己的远大理想。

回首过去是为了总结以往的经验和教训，从而更好地开展以后的工作。“路漫漫其修远兮，吾将上下而求索。”现担任一定的领导职务，工作任重道远，我会在今后的工作中加倍努力，为党的事业贡献自己的微薄之力。

后　记

我作为一名党多年培养的藏族妇女干部、国家公务员，在组织的培养下，在同事们的帮助和个人的不断努力下，一步一步地成长为一名党员、机关领导干部。责任重大，使命光荣。能在这么重要的岗位上工作、生活，是我一生中最大的荣幸。

我认为现代国家公务员除能熟练地操作电脑、懂外语外，更重要的还应具备良好的政治素养、思想素养、专业素养、知识素养、道德修养，有扎实的文字功底、丰富的阅历和奉献精神。

我不能算一名优秀的公务员，但我拥有引以为自豪的丰富工作经历。在意识形态领域多年的工作经历和生活，已积淀成我人生的经验。所以，我想把这个宝贵的经历整理并加以出版，这就是我的梦。

我的家乡非常美丽，那里的人民淳朴、勤劳、智慧。自西藏和平解放以来，托党的福，人民幸福，生活美满。

《西藏视野》能出版，首先要感谢中国藏学研究中心总干事、我的老领导拉巴平措同志的关心和支持，他为《西藏视野》作序；感谢中国藏学出版社，对初稿提出了宝贵意见，他们为《西藏视野》这本书付出了辛勤劳动。

当然，一直以来在意识形态领域工作的我，经历比较丰富，但仅仅是丰富而已。我承认自己的工作能力、文化素养有限，再加上自己的懒惰，如果不勤奋地将自己的经历、所思所获写出来，为社会、为研究部门提供一些有价值的资料，再多的工作经验和经历，又有什么用呢？

次仁央金

2011 年 6 月 26 日

图书在版编目（CIP）数据

西藏视野/次仁央金著．—北京：中国藏学出版社，2011.12

ISBN 978－7－80253－427－8

Ⅰ．①西…　Ⅱ．①次…　Ⅲ．①社会科学－文集　Ⅳ．①C53

中国版本图书馆CIP数据核字（2011）第255827号

西藏视野

次仁央金　著

出版发行	中国藏学出版社
印　　刷	北京牛山世兴印刷厂
开　　本	787×1092 毫米　1/16
印　　张	12.5
字　　数	146 千字
印　　次	2012 年 10 月第 1 版第 1 次印刷
书　　号	ISBN 978－7－80253－427－8/C·3
定　　价	23.00 元

图书若有质量问题，请与本社联系

E-mail:dfhw64892902@126.com　　**电话**:010－64892902